お笑《わら》い芸《げい》人《にん》
入門百科《にゅうもんひゃっか》

みんなを笑《わら》わせてくれる芸人《げいにん》さん
どうやったらあんなにおもしろいことが言《い》えるんだろう？
芸人《げいにん》さんにいろいろ教《おし》えてもらおう！

芸《げい》人《にん》の世《せ》界《かい》へ!!

たちだ！ 毎日《まいにち》、テレビや劇場《げきじょう》でお客《きゃく》さんを大爆笑《だいばくしょう》させているぞ!!

本書《ほんしょ》で「お笑《わら》い」を教《おし》えてくれる「東京吉本《とうきょうよしもと》」のお笑《わら》い芸人《げいにん》さん

才《ざい》

エバース

佐々木《ささき》のボケがどんなにむちゃくちゃでも、町田《まちだ》が全力《ぜんりょく》でツッコミ返《かえ》す！

イチゴ

シュールすぎるイクトの笑《わら》いにキミはついて来《こ》れるか!?

通称《つうしょう》「サンパチマイク」１本《ぽん》のみでお客《きゃく》さんを爆笑《ばくしょう》させる「サンパチ戦士《せんし》」たち。舞台《ぶたい》用《よう》の衣装《いしょう》を着《き》て、２人《ふたり》以上《いじょう》でマイクの前《まえ》に立《た》ってしゃべれば漫才《まんざい》の始《はじ》まりだ！

ダイタク

一卵性双生児《いちらんせいそうせいじ》の漫才師《まんざいし》。これでもかというくらい双子《ふたご》ネタを持《も》っているぞ！

漫《まん》

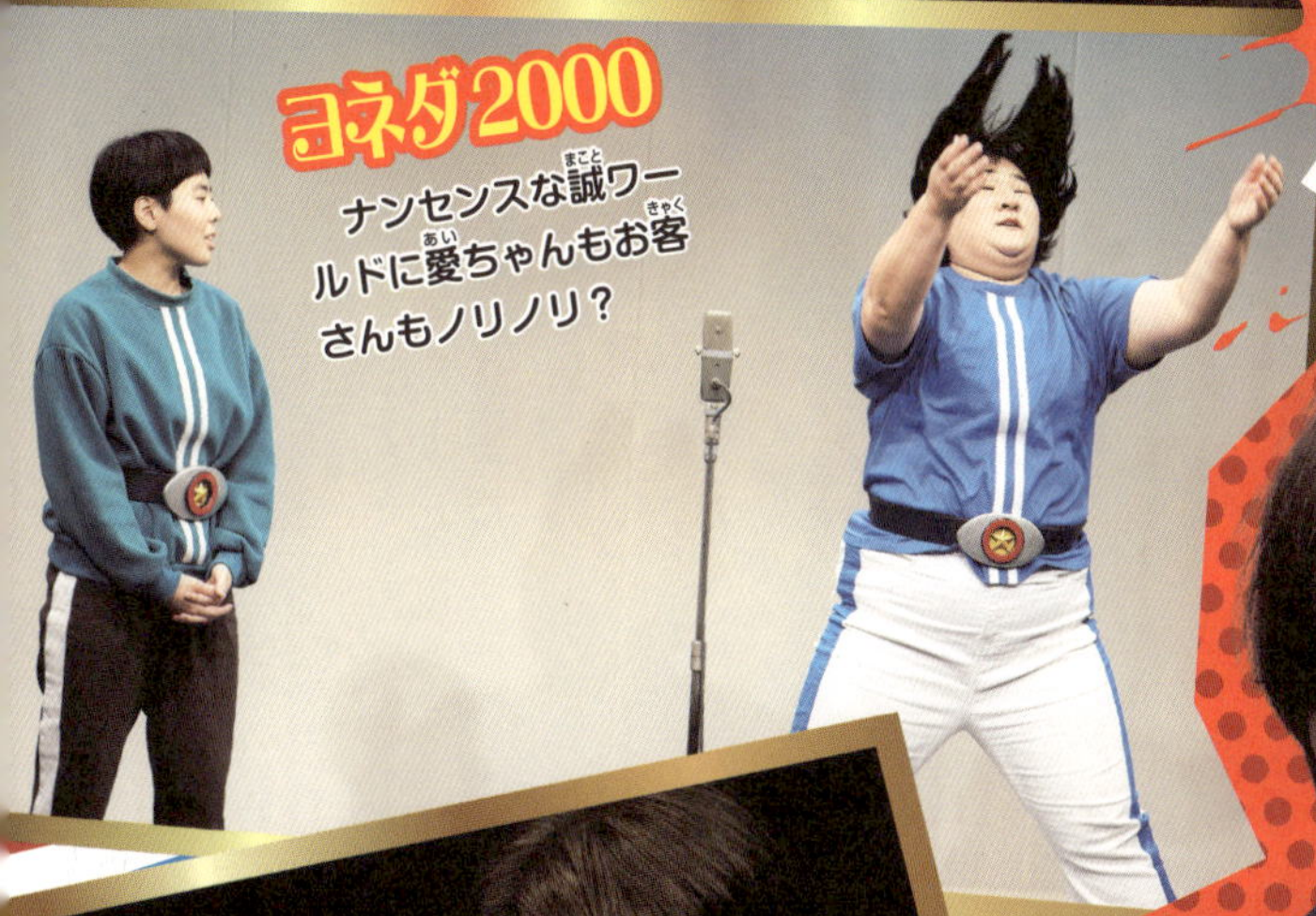

ヨネダ2000

ナンセンスな誠《まこと》ワールドに愛《あい》ちゃんもお客《きゃく》さんもノリノリ？

ダンビラムーチョ

「M-1《エムワン》グランプリ」「キングオブコント」2大賞《だいしょう》レースのW《ダブル》ファイナリストだ！

囲碁将棋《いごしょうぎ》

漫才《まんざい》の王道《おうどう》「しゃべくり漫才《まんざい》」の東《とう》京《きょう》の雄《ゆう》。2人《ふたり》ともボケてツッコミを入《い》れるW《ダブル》ボケには圧倒《あっとう》されるぞ！

コント

濃《こ》いキャラクターが暴《あば》れまわる！　見《み》たこともない世界《せかい》が目《め》の前《まえ》に広《ひろ》がる！時間《じかん》と空間《くうかん》を自在《じざい》に飛《と》び越《こ》え、笑《わら》いを創《つく》り出《だ》すコント師《し》たち！

ネルソンズ

和田《わだ》まんじゅう演《えん》じる変《へん》なおじさんやダメ男《おとこ》は「どこかで会《あ》ったな…」という気《き》になってしまう！

止《と》められない！

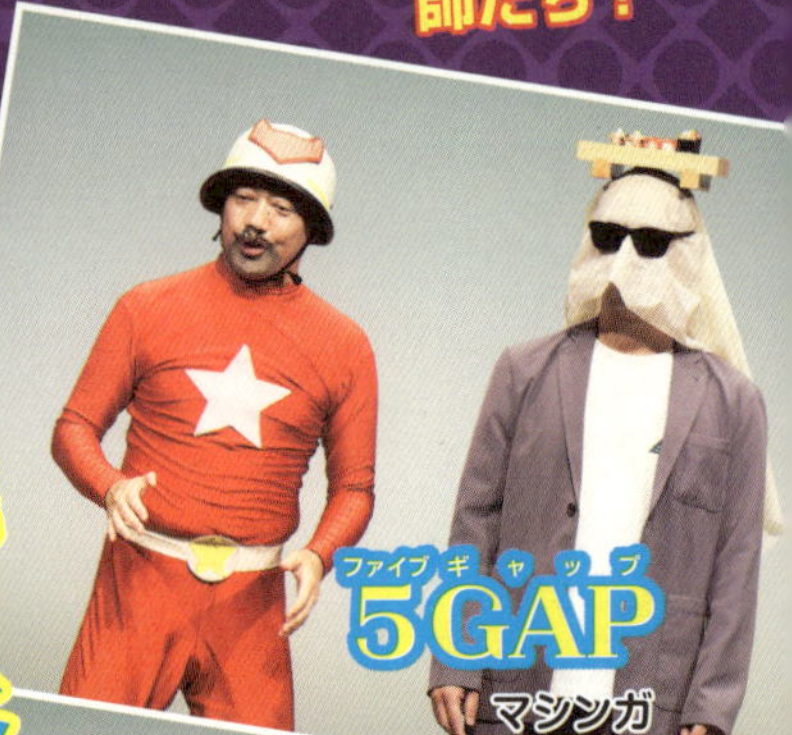

オレの頭《あたま》でなにしてくれてんだ！

5GAP《ファイブギャップ》

マシンガンのごとくボケまくるクボケン！ツッコミまくるトモ！

ふすまの向《む》こうでなにが起《お》こっているのか?

先輩《せんぱい》…オレのために…

カゲヤマ

カゲヤマの手《て》にかかると「日《にち》常《じょう》」が「異《い》常《じょう》」に一瞬《いっしゅん》で変《か》わる!

おしり〜!!

おしり〜!!

逆《ぎゃく》もおしり〜!!

ギャーっ!!

暴《あば》れるおじさんに一体《いったい》なにが??

ジェラードン

かみちぃとアタック西本《にしもと》の2人《ふたり》の強烈《きょうれつ》なキャラクターが生《う》み出《だ》す濃《こ》すぎる世界《せかい》!

2人《ふたり》の青春《せいしゅん》は誰《だれ》にも

ラグビー

しんや

お笑《わら》い芸人《げいにん》史上《しじょう》最強最高《さいきょうさいこう》のラグビー芸人《げいにん》！　ラグビーが世界一《せかいいち》のスポーツだと思《おも》っているぞ！

1人《ひとり》だからこそ強烈《きょうれつ》なインパクトを持《も》っている。多《おお》くのピン芸人《げいにん》が「お決《き》まりのフレーズ」を持《も》っているぞ！

キャラクター豊《ゆた》かな
ピン芸人《げいにん》

じててて〜〜

謎男《なぞおとこ》だぞ〜〜

明日《あす》も元気《げんき》で楽《たの》しい日《ひ》が迎《むか》えられますように

おばあちゃん

老人《ろうじん》ならではのエピソードをほのぼの語《かた》って、川柳《せんりゅう》でオチをつけるよ！

ひぐちこうめ

不思議《ふしぎ》な「フリップネタ」をする女《じょ》性芸人《せいげいにん》だ。

ぼあき。

元男《もとおとこ》の子《こ》の女《おんな》の子《こ》芸人《げいにん》だ。強烈《きょうれつ》なキャラクターは一度《いちど》見《み》たらやみつき必死《ひっし》!?

イチキップリン

自称《じしょう》「6億《おく》のモノマネ」と「6億《おく》のキャラ芸《げい》」を持《も》っている多《た》芸多彩《げいたさい》なピン芸人《げいにん》だ！

大《おお》喜《ぎ》利《り》 GIRI OH

本当《ほんとう》のカッパ巻《ま》き

しょうゆが乗《の》ってる

「お題《だい》」に対《たい》して、複数《ふくすう》人《にん》でおもしろ回答《かいとう》を出《だ》し合《あ》って競技《きょうぎ》するのが大喜《おおぎ》利《り》。芸人《げいにん》さんたちに「この寿司《すし》　絶対《ぜったい》バカがにぎったな。どんなお寿司《すし》？」というお題《だい》にチャレンジしてもらったぞ。キミはどんな回答《かいとう》をするかな？

今回《こんかい》のお題《だい》

この寿司《すし》
絶対《ぜったい》バカが
にぎったな。
どんな
お寿司《すし》？

魚《さかな》に直接《ちょくせつ》値段《ねだん》が書《か》いてある

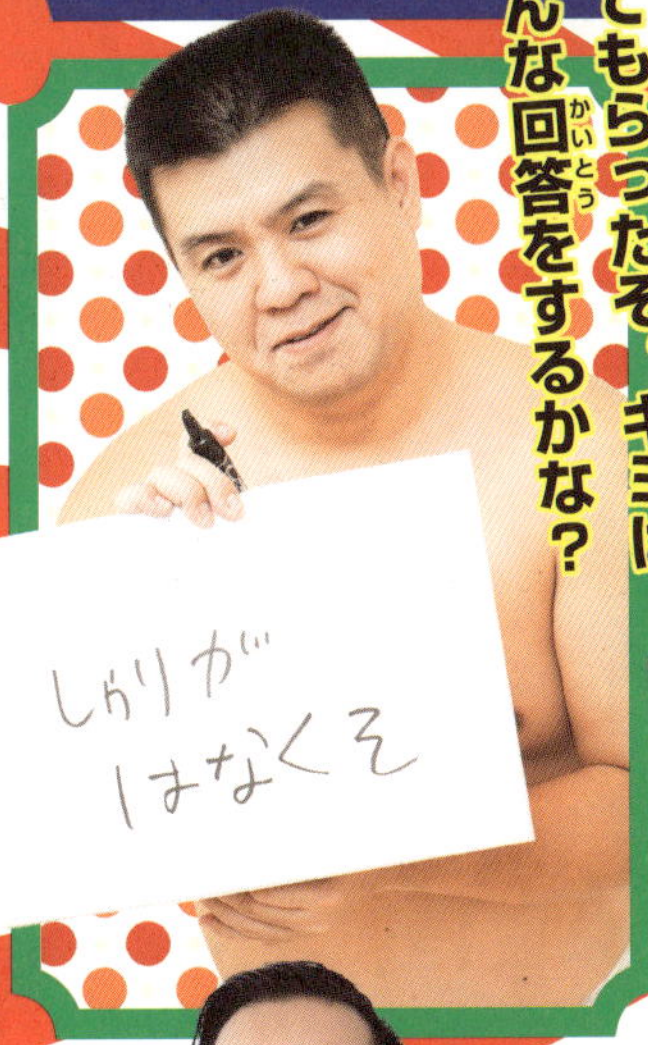

雪《ゆき》だるま寿司《ずし》

ハマチ2貫《がん》！

モノボケ
でっかいピーマンっ！
鼻《はな》に水《みず》をあげましょう
目《め》がドーンッ！
じょうろすみません
動《うご》くな！　動《うご》いたら咲《さ》かすぞ！
立派《りっぱ》に育《そだ》てよ、大谷翔平《おおたにしょうへい》！
まだあたたかい…大谷翔平《おおたにしょうへい》、近《ちか》くにいます！

「モノ」を使《つか》って即興《そっきょう》でボケるのが「モノボケ」だ。「モノ」さえあれば誰《だれ》でもすぐにできるよ！　芸人《げいにん》さんたちはなにでどんなモノボケをしているかな？　家《いえ》にあるもの、学校《がっこう》にあるモノでキミもチャレンジしてみよう！

にでももっともっとお笑《わら》いをやり
思《おも》ったキミには「よしもと放課後《ほうかご》
「よしもとお笑《わら》いクラブ」がおすす
業《ぎょう》さんが運営《うんえい》する小中高生《しょうちゅうこうせい》を対象《たいしょう》
後《ご》の時間《じかん》を利用《りよう》して楽《たの》しめるイベ
メスクールのクラブ活動《かつどう》で、誰《だれ》で
よ。プロの芸人《げいにん》さんが一緒《いっしょ》になっ
ってくれるよ！

これからネタつくりとコーナーにチャレンジだ!

お笑《わら》いをやるだけで元気《げんき》になれるね。

みんなでゲームコーナーにチャレンジ中《ちゅう》！

チャレンジ!!

がんばって考《かんが》えた漫才《まんざい》を実演中《じつえんちゅう》！

ネタを考《かんが》え中《ちゅう》。みんな真剣《しんけん》に取《と》り組んでいる。

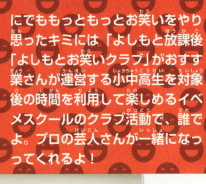

一緒《いっしょ》に遊《あそ》ぼう！ 待《ま》ってるよ〜〜！

「いますぐたい！」。そうクラブ」の、めだ。吉本興《よしもとこう》にした、放課《ほうか》ントやエンタも参加《さんか》できるてお笑《わら》いをや

2チームに分《わ》かれてゲームコーナーにチャレンジ！ 勝《か》っても負《ま》けても大盛《おおも》り上《あ》がり‼

子供《こども》たちがお笑《わら》いに

いるだけで笑顔《えがお》になっちゃう場所《ばしょ》だね。

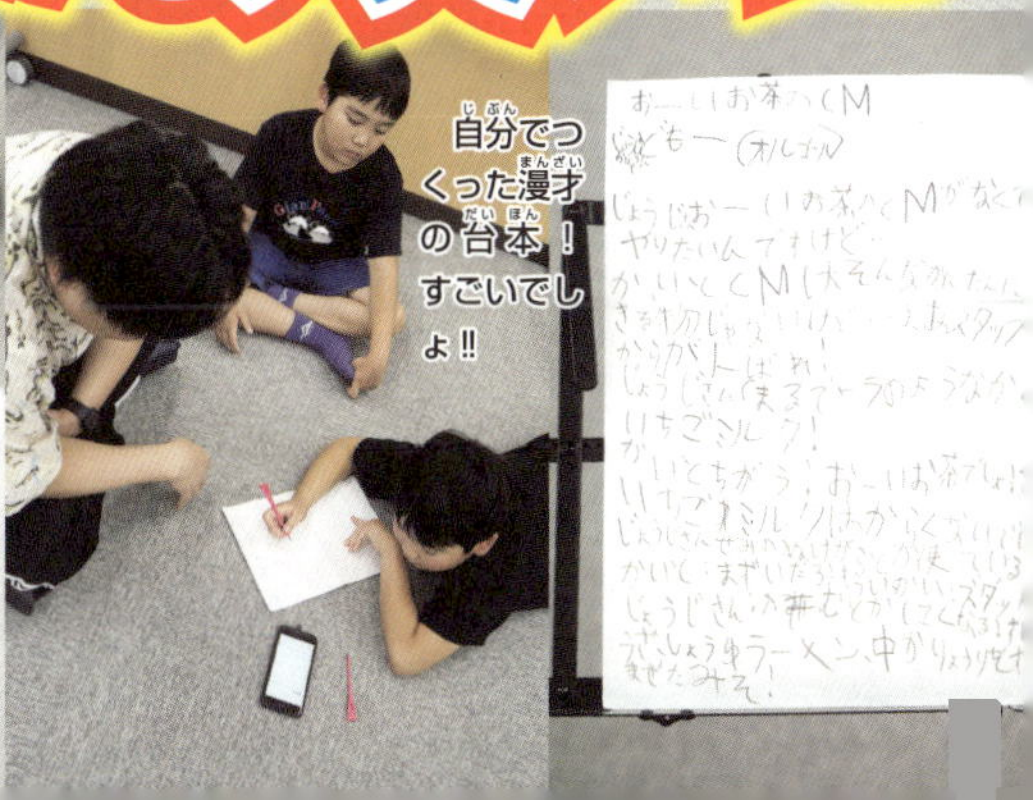

自分《じぶん》でつくった漫才《まんざい》の台本《だいほん》！ すごいでしょ‼

付録《ふろく》

イチキップリンのモノマネレパートリー

はむちゃんなりきりセット!!

キミも「はむちゃん」になって、とんではねて、みんなを笑《わら》わせちゃおう！

カラーコピーして使《つか》ってね！

はむちゃんになりきってみよう!!

まずは次《つぎ》のものを準備《じゅんび》してね。①茶色《ちゃいろ》いパンツ。②カチューシャ。③黒《くろ》と赤《あか》の水性《すいせい》マジックペン。④ガムテープ。準備《じゅんび》ができたら、付録《ふろく》の「なりきりセット」を自分《じぶん》の顔《かお》のサイズにカラーコピーしてね！ それを厚紙《あつがみ》に貼《は》って、上手《じょうず》に切《き》り取《と》ってください。では、スタートだ！

1 まずは茶色《ちゃいろ》いパンツをかぶって後《うし》ろで結《むす》ぶ。

2 耳《みみ》をつけたカチューシャをつける。

3 赤《あか》ペンで鼻《はな》を赤《あか》く塗《ぬ》る。

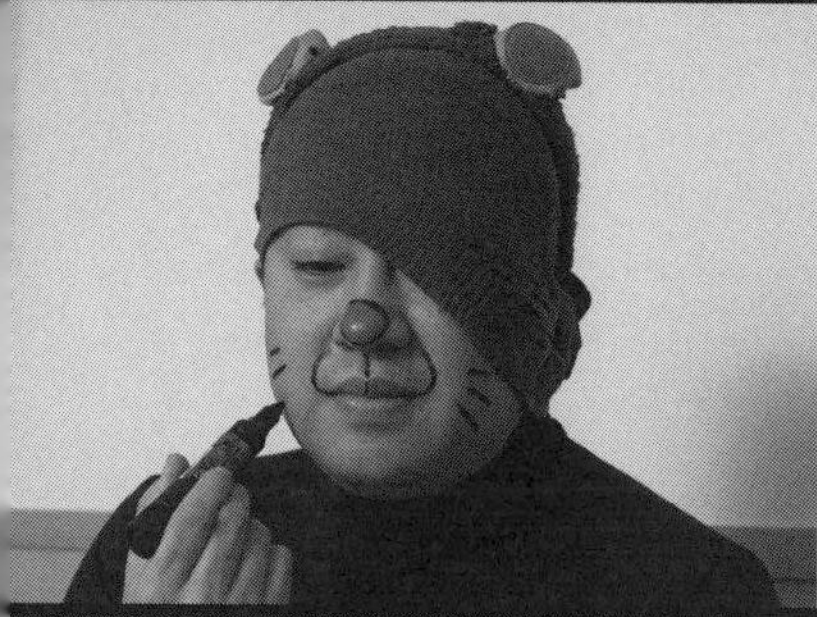

4 黒《くろ》ペンで鼻《はな》をふちどりヒゲをかく。

5 アゴにはむちゃんの胴《どう》体《たい》をガムテープでつける。

6 最後《さいご》にお目目《めめ》をつけたら完成《かんせい》だ！

笑《わら》いって何《なん》だろう!?

人間《にんげん》には「喜怒哀楽《きどあいらく》」という「感情《かんじょう》」があります。
「哀《かな》しみ」「怒《おこ》る」の場合《ばあい》は体験《たいけん》の多《おお》くが共通《きょうつう》しています。
仲《なか》の良《よ》かった友達《ともだち》が転校《てんこう》してしまう。お別《わか》れするのはとても哀《かな》しいことです。
大好《だいす》きなペットが天国《てんごく》に召《め》された時《とき》、みんなは泣《な》きませんか?
お父《とう》さんお母《はは》さんと「ゲームは1日《にち》1時間《じかん》」と約束《やくそく》していたのに、
ウソをついてゲームばかりしているのが見《み》つかったら
怒《おこ》られるでしょう。
でも、キミだって約束《やくそく》を破《やぶ》られたり、
大切《たいせつ》なものをバカにされたり
壊《こわ》されたら怒《おこ》りませんか?
「嬉《うれ》しいこと(喜《よろこ》び)」「楽《たの》しいこと」
は人《ひと》によって異《こと》なります。
スポーツが大好《だいす》きな人《ひと》には体育《たいいく》の時間《じかん》は

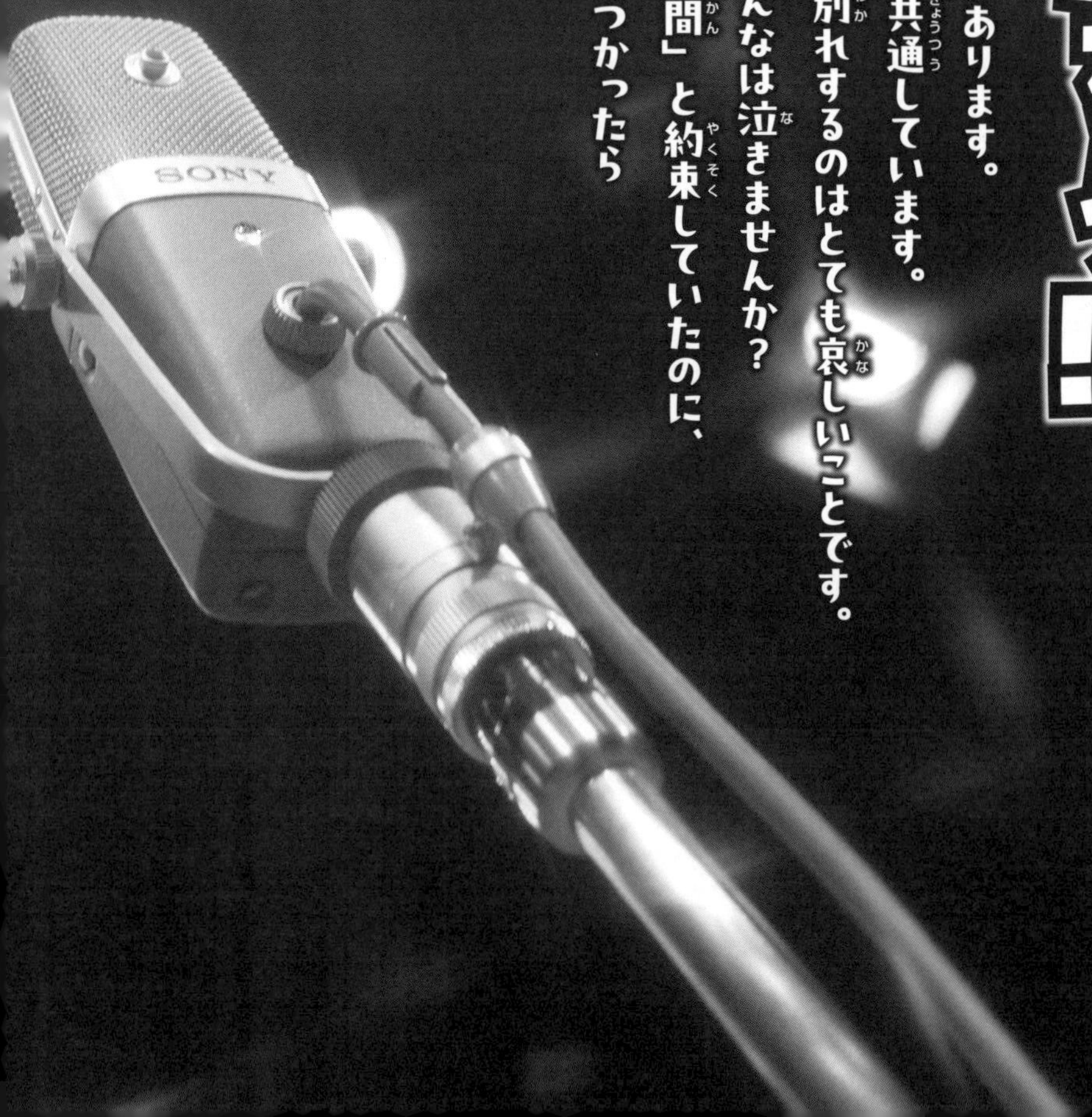

「楽《たの》しい」でしょう。
でも、スポーツの苦手《にがて》な人《ひと》はまったく
楽《たの》しくないでしょう？
大人《おとな》がお酒《さけ》を呑《の》んでるのを見《み》て、なにが楽《たの》しいかわかりますか？
「楽《たの》しいこと」「嬉《うれ》しいこと」は人《ひと》によって違《ちが》います。
年齢《ねんれい》はもちろん、生《う》まれた地域《ちいき》によっても異《こと》なります。
自分《じぶん》がおもしろいからと言《い》って、他《ほか》の人《ひと》に強要《きょうよう》するのはダメです。
きっと、その人《ひと》は心《こころ》の底《そこ》からは笑《わら》っていないでしょう。
さらに「爆笑《ばくしょう》」「苦笑《くしょう》」「冷笑《れいしょう》」など笑《わら》いにも種類《しゅるい》があります。
「笑《わら》い」はとっても奥《おく》が深《ふか》いものです。
それでも生《い》きていたら、多《おお》くの人《ひと》が共通《きょうつう》して笑《わら》えることがあります。
どうしたら1人《ひとり》でも多《おお》くの人《ひと》を笑《わら》わせることができるのか？
お笑《わら》い芸人《げいにん》さんは毎日《まいにち》のように「笑《わら》い」を追求《ついきゅう》しています。
人《ひと》を笑《わら》わせること。
それは「人《ひと》を勉強《べんきょう》する」ことなのです。

もくじ

カラー記事《きじ》

モノクロ記事《きじ》

お笑《わら》い講座《こうざ》：漫才《まんざい》

お笑《わら》い講座《こうざ》：コント

お笑《わら》い講座《こうざ》：ピン芸人《げいにん》

お笑《わら》い講座《こうざ》：実践編《じっせんへん》

お笑《わら》いをはじめよう！

芸人《げいにん》さんは人《ひと》の笑顔《えがお》に喜《よろこ》びを感《かん》じる人《ひと》たちの集《あつ》まりです。本書《ほんしょ》は芸人《げいにん》さんのことを知《し》ってもらう、芸人《げいにん》さんに触《ふ》れてもらうための一冊《いっさつ》です。

本書《ほんしょ》を手《て》に取《と》って「誰《だれ》、こいつ？」と思《おも》った人《ひと》もいるでしょう。本書《ほんしょ》に登場《とうじょう》する芸人《げい》さんの中《なか》にはあまりテレビに出演《しゅつえん》していない人《ひと》たちもいます。彼《かれ》らは「劇場《げきじょう》」で活躍《かつやく》しています。劇場《げきじょう》はお客《きゃく》さんの笑《わら》い声《ごえ》がダイレクトに返《かえ》ってきます。そのため、どうしたら一人《ひとり》でも多《おお》くのお客《きゃく》さんに笑《わら》ってもらえるかを考《かんが》えています。毎日《まいにち》のように、どこかの劇場《げきじょう》に出演《しゅつえん》し、お客《きゃく》さんを笑《わら》わせています。年末《ねんまつ》の『M《エム》-1《ワン》グランプリ』では、無名《むめい》の若手《わかて》芸人《げいにん》が爆笑《ばくしょう》をかっさらうことがあります。彼《かれ》らはみんな、劇場《げきじょう》で力《ちから》をつけているのです。毎日《まいにち》、お笑《わら》いのことしか考《かんが》えていない芸人《げいにん》さんたちが、本書《ほんしょ》に協《きょう》力《りょく》してくれています。

本書《ほんしょ》を読《よ》んで、「お笑《わら》い芸人《げいにん》って楽《たの》しそうだな！」と思《おも》ったら、ぜひお笑《わら》いにチャレンジしてください。でも、誰《だれ》も笑《わら》わなかったら恥《は》ずかしいなあ…。そんな理由《りゆう》でやってみないのは、勿体《もったい》ないです。最初《さいしょ》から笑《わら》いが取《と》れる人《ひと》なんていません。爆笑《ばくしょう》をかっさらう芸人《げいにん》さんも始《はじ》めた頃《ころ》にはまったく笑《わら》いがとれませんでした。笑《わら》わせることばかりを考《かんが》えてきたからおもしろいのです。

本書《ほんしょ》を読《よ》んで、笑《わら》いが取《と》れるようになるわけではありません。本書《ほんしょ》は「お笑《わら》い芸人《げいにん》入門《にゅうもん》」であり、「お笑《わら》いの教科書《きょうかしょ》」「お笑《わら》いの参考書《さんこうしょ》」ではありません。

お笑《わら》いをやろうと思《おも》ったら、スベることを恥《は》ずかしがらないでください！　キミが人《ひと》の笑顔《えがお》に幸《しあわ》せを感《かん》じる人《ひと》なら、きっと笑《わら》ってくれるはずです。

何《なに》が違《ちが》うの？

解説《かいせつ》してみよう！

漫才《まんざい》

2015年結成《ねんけっせい》。大学時代《だいがくじだい》の先輩《せんぱい》・塚田《つかだ》と後輩《こうはい》・大《だい》ちゃんのコンビ。いつでも元気印全開《げんきじるしぜんかい》の塚田《つかだ》に大《だい》ちゃんがふり回《まわ》されて絶叫《ぜっきょう》する！　塚田《つかだ》さーん！

「漫才《まんざい》」と「コント」の違《ちが》いはなにか？　お笑《わら》いでは「サンパチマイク」の前《まえ》に立《た》ってしゃべれば「漫才《まんざい》」になります。「漫才《まんざい》」は「しゃべくり」がメインのお笑《わら》い。コントは役《やく》になり切《き》った「お芝居《しばい》」です。コントは衣装《いしょう》を着《き》たり、メイクをしたり、大道《おおどう》具《ぐ》や小道具《こどうぐ》を使《つか》ったり、音響《おんきょう》や照明《しょうめい》などの演出《えんしゅつ》を使《つか》って、よりリアルに見《み》せることができます。しかし、漫才《まんざい》でも役割《やくわり》を演《えん》じて「コントイン」するパターンがあります。

ブラゴーリは「漫才《まんざい》」も「コント」もどちらも演《えん》じる二刀流《にとうりゅう》の芸人《げいにん》さんです。「漫才《まんざい》」でも「コント」でも行《おこな》う演目《えんもく》に「野球《やきゅう》部《ぶ》ネタ」があります。「漫才《まんざい》」も「コント」も展開《てんかい》やボケはほとんど一緒《いっしょ》です。でも、実《じつ》は大《おお》きな違《ちが》いがあります。

「漫才《まんざい》」の場合《ばあい》は「バカにされがちなので、上下関係《じょうげかんけい》がしっかりしている野球部《やきゅうぶ》の先輩《せんぱい》みたいに、後輩《こうはい》をしつける練習《れんしゅう》がしたい」という「大《だい》ちゃんのお願《ねが》い」からスタートします。だから、コ

漫才《まんざい》とコントって

ブラゴーリのネタで

ントインしているものの「バカにされないための訓練《くんれん》」というネタになるのです。仮《かり》で「役割《やくわり》」を演《えん》じているに過《す》ぎず、大《だい》ちゃんは大《だい》ちゃん、塚田《つかだ》は塚田《つかだ》のままなのです。だから大《だい》ちゃんは暴走《ぼうそう》する塚田《つかだ》本人《ほんにん》に対《たい》して、ツッコミを入《い》れることができます。コントから現実《げんじつ》に戻《もど》ることができるのです。

「コント」の場合《ばあい》は大《だい》ちゃんが演《えん》じる野球部《やきゅうぶ》の先輩《せんぱい》が、塚田《つかだ》が演《えん》じるはちゃめちゃな1年生《ねんせい》に振《ふ》り回《まわ》されるネタです。2人《ふたり》とも役《やく》を演《えん》じているので、大《だい》ちゃんと塚田《つかだ》の関係《かんけい》には戻《もど》ることはありません。

「漫才《まんざい》」の方《ほう》が自分自身《じぶんじしん》の感情《かんじょう》を乗《の》せやすく、「コント」の方《ほう》が設定《せってい》への没入感《ぼつにゅうかん》が深《ふか》くなると言《い》えるでしょう。どちらの方《ほう》が自分《じぶん》に向《む》いているか？ いろいろ試《ため》してやってみましょう！

CONTE

他《ほか》にもあるお笑《わら》い

現在《げんざい》の日本《にっぽん》のお笑《わら》いシーンでは「漫才《まんざい》」と「コント」が主流《しゅりゅう》です。しかし、それ以外《いがい》の芸《げい》をする芸人《げいにん》さんもたくさんいます。多《おお》くは1人《ひとり》で芸《げい》をするピン芸人《げいにん》です。ここで紹介《しょうかい》した以外《いがい》にも腹話術《ふくわじゅつ》、講談《こうだん》などまだまだたくさんの芸《げい》があります。大阪《おおさか》には「新《しん》喜劇《きげき》」もあります。日本全国《にっぽんぜんこく》でたくさんの芸人《げいにん》さんが毎日笑《まいにちわら》いを生《う》み出《だ》しているのです。

落語《らくご》

話《はなし》の最後《さいご》に「オチ」をつける日本《にっぽん》の伝統的《でんとうてき》なしゃべくり芸《げい》能《のう》。お笑《わら》いだけではなく「人情《にんじょう》噺《ばなし》」「怪談《かいだん》」などいろいろなレパートリーがある。

漫談《まんだん》

サンパチマイクの前《まえ》でおしゃべりするピン芸人《げいにん》。落語《らくご》と違《ちが》い「オチ」をつけることを必要《ひつよう》としないので、自由《じゆう》にしゃべりまくれる。

モノマネ

人《ひと》や動物《どうぶつ》の身《み》ぶりや声《こえ》などの特徴《とくちょう》を捉《とら》えて、それをマネする芸風《げいふう》。「細《こま》かくて伝《つた》わらないマイナーモノマネ」「誇張《こちょう》モノマネ」など常《つね》に進化《しんか》している。

ギャガー

ギャグを主軸《しゅじく》にする芸人《げいにん》さん。即興性《そっきょうせい》の高《たか》いギャグだけを連発《れんぱつ》する人《ひと》もいれば、漫談《まんだん》の中《なか》にギャグを入《い》れ込《こ》む人《ひと》もいる。

パントマイム

言葉《ことば》をしゃべらずに、身《み》ぶり手《て》ぶりだけでなにもないところにエスカレーターや扉《とびら》など、あたかもそれがあるかのように見《み》せる芸《げい》。ストリートでやる人《ひと》もいる。

曲芸《きょくげい》

ハラハラしながらも笑《わら》える曲《きょく》芸《げい》。「ジャグリング」「玉乗《たまの》り」がメジャーだが、「コマ回《まわ》し」「さるまわし」など日本《にっぽん》の伝統的《でんとうてき》な芸《げい》もある。

マジシャン

マジックが得《とく》意《い》な人《ひと》ほどおしゃべりも得意《とくい》！なので、ついだまされてしまう。大掛《おおが》かりなセットで行《おこな》うイリュージョンには度《ど》肝《ぎも》を抜《ぬ》かれるだろう！

お笑《わら》いの種《しゅ》類《るい》と生《う》み出《み》し方《かた》のパターンを覚《おぼ》えよう！

お笑《わら》いには種類《しゅるい》があり、それを生《う》み出《だ》す方法《ほうほう》には「パターン」があります。実《じつ》は気《き》づかずに、すでに日常的《にちじょうてき》にやっていることもたくさんあるのです。キミたちの日常《にちじょう》にはたくさんの笑《わら》いがあふれているんだ！

あるある

多《おお》くの人《ひと》が同《おな》じ経験《けいけん》をしていることをネタにしたもの。「学校《がっこう》」「お母《かあ》さん」など日常《にちじょう》的《てき》なことから、「アニメ」「サッカーの試合《しあい》」などのジャンルに分《わ》けることも多《おお》く、見《み》ている人《ひと》に「そうそう！」と共感《きょうかん》を生《う》みだす。たまに「なしなし」を試《こころ》みる人《ひと》がいるが、それだとなんでもありになるので、基本的《きほんてき》な考《かんが》えとしては間違《まちが》っている。

いじり

「太《ふと》っていること」「身長《しんちょう》が小《ち》さいこと」などの見《み》た目《め》に関《かん》することや、「運動《うんどう》が苦手《にがて》」「歌《うた》が音痴《おんち》」などの能力《のうりょく》など、他人《たにん》をからかったり、バカにするネタのこと。「いじられている側《がわ》」が楽《たの》しめないと成立《せいりつ》しない。また、他《ほか》の人《ひと》がいじっているから自分《じぶん》がやっていいわけではない。自分《じぶん》と「関係性《かんけいせい》」がない人《ひと》にやるのはとても失礼《しつれい》。一《ひと》つ違《ちが》うだけで「いじめ」になってしまう。やる時《とき》にはとても注意《ちゅうい》が必要《ひつよう》。

歌《うた》ネタ

昭和《しょうわ》の時代《じだい》には、楽器《がっき》を演《えん》奏《そう》しながら歌《うた》ってネタを披露《ひろう》する「音曲漫才《おんぎょくまんざい》」や「ボーイズグループ」などの芸人《げいにん》さんがたくさんいた。現在《げんざい》でも、自分《じぶん》のオリジナルソングを作成《さくせい》してネタにする芸人《げいにん》さんもいる。自分《じぶん》がカラオケになりきったり、「いい歌《うた》は20で数《かぞ》えられる」などのネタを持《も》つダンビラムーチョはニュータイプの歌《うた》ネタと言《い》えるだろう。

大喜利《おおぎり》

元々《もともと》は、寄席《よせ》の最後《さいご》に行《おこな》われていた余興《よきょう》のことを指《さ》した。現在《げんざい》の意味《いみ》では、お題《だい》に対《たい》して複数《ふくすう》の回答者《かいとうしゃ》がおもしろい回答《かいとう》を出《だ》しあう「言葉《ことば》あそび」の企画《きかく》コーナーのこと。考《かんが》えて言葉選《ことばえら》びすることから、ネタつくりの際《さい》に「大喜利《おおぎり》して考《かんが》えてみる」という言《こと》葉《ば》も派生《はせい》している。

おし芸《げい》

ダジャレなどベタなネタなどをまくし立《た》てたり、ボケのハイテンションな芸風《げいふう》などで押《お》し切《き》る芸風《げいふう》のこと。ある程度《ていど》のテンポ、スピードが必要《ひつよう》なので、お客《きゃく》さんが考《かんが》えてしまうようなひねりの効《き》いたボケを入《い》れると止《と》まってしまうことが多《おお》い。

替《か》え歌《うた》

ベタなお笑《わら》いの一《ひと》つ。既存《きそん》の歌詞《かし》をパロディにして歌《うた》うこと。

顔芸《かおげい》

変顔《へんがお》などをして顔《かお》だけで笑《わら》いをとること。自《みずか》ら変《へん》な顔《かお》をすることもあるが、うれしい時《とき》や悲《かな》しい時《とき》などに、あえてオーバーに顔《かお》をつくる場合《ばあい》もある。

決《き》めフレーズ

いわゆる「一言《ひとこと》ギャグ」系《けい》のネタをする芸人《げいにん》さんがお約束的《やくそくてき》に使《つか》うワードのこと。「漫才《まんざい》」「コント」にもいるが、「ピン芸人《げいにん》」に決《き》めフレーズを持《も》っている人《ひと》が多《おお》い。

ギャグ

本来《ほんらい》はコントの展開中《てんかいちゅう》に笑《わら》いを起《お》こす一連《いちれん》の動作《どうさ》のことを指《さ》していた。そこから転《てん》じて、笑《わら》いを起《お》こすためのワードや動作《どうさ》を指《さ》す言葉《ことば》として使《つか》われている。ギャグが得意《とくい》な芸人《げいにん》さんは「ギャガー」と呼《よ》ばれ、ギャグだけでネタをする芸人《げいにん》さんもいる。

キレ芸《げい》

すぐにキレる芸風《げいふう》のこと。ツッコミに多《おお》く、ボケにふり回《まわ》されて、キレていく様子《ようす》をネタにする。平場《ひらば》では、プライドの高《たか》い人《ひと》や秘密《ひみつ》が多《おお》い人《ひと》などがいじられて、ブチギレることが多《おお》い。いじられる本人《ほんにん》も自分《じぶん》がキレておもしろくなることを理解《りかい》している。

ジェスチャー

人《ひと》になにかを伝《つた》えるために行《おこな》う身《み》ぶり手《て》ぶりのこと。しかし、お笑《わら》い業界《ぎょうかい》では「マイム」の意味《いみ》で使《つか》うことが多《おお》い（〈マイム〉参照《さんしょう》）。お題《だい》に対《たい》して無言《むごん》で動作《どうさ》だけで伝《つた》えるゲームを「ジェスチャーコーナー」と呼《よ》ぶ。

自虐《じぎゃく》

人《ひと》からバカにされるような自分《じぶん》のコンプレックスや、「貧乏《びんぼう》」など自分《じぶん》の置《お》かれている状況《じょうきょう》を、自《みずか》ら笑《わら》いにすること。

下《しも》ネタ

「うんこ」「ゲロ」などの汚《きたな》い言葉《ことば》を言《い》ったり、下半身《かはんしん》を露出《ろしゅつ》したりする下品《げひん》なネタのこと。

シュール

現実的《げんじつてき》な空間《くうかん》、時間《じかん》からかけ離《はな》れた独自《どくじ》の「世界観《せかいかん》」を持《も》つ笑《わら》いのこと。しゃべくりだけで表現《ひょうげん》するには難《むずか》しく、シュールはコントの方《ほう》が多《おお》い。「シュールレアリスム」というフランス語《ご》をもとにした言葉《ことば》。

持論系《じろんけい》

独自《どくじ》の理論《りろん》を打《う》ち立《た》てること。それがどんなにむちゃくちゃな理論《りろん》であっても、強引《ごういん》なまでに推《お》し進《すす》め、いつしかそれが正論《せいろん》に見《み》えてくるようなネタのこと。しゃべくり漫才《まんざい》に適《てき》している。

スベり笑《わら》い

あえてスベることで笑《わら》いを生《う》み出《だ》すこと。誰《だれ》かにふってもらう場合《ばあい》もあれば、自《みずか》ら取《と》りに行《い》く場合《ばあい》もある。

ダジャレ

お笑《わら》いの基本《きほん》の一《ひと》つ。バカにされがちではあるが、ネタの流《なが》れによっては爆発的《ばくはつてき》な笑《わら》いを生《う》み出《だ》す。

ツッコミ

ボケが脱線《だっせん》させた話《はなし》に対《たい》して、訂正《ていせい》を入《い》れる役割《やくわり》。時《とき》にはボケをわかりやすく解説《かいせつ》したり、ふくらませたりすることもある。お笑《わら》いにとってはとても重要《じゅうよう》な役割《やくわり》を担《にな》う。詳《くわ》しくは46P《ページ》参照《さんしょう》。

【ネタにおけるツッコミの主《おも》な種類《しゅるい》】

●ノリツッコミ
ボケからふられたことにあえて乗《の》っかってからツッコミを入《い》れること。実《じつ》はとても難《むずか》しい!

●たとえツッコミ
ものごとを別《べつ》の何《なに》かおもしろいものに例《たと》えてツッコミを入《い》れること。ボキャブラリーの多《おお》さ、大喜利《おおぎり》のセンス力《りょく》が問《と》われる。

●ツッコミボケ
ツッコミが持論《じろん》を曲《ま》げずにツッコミ続《つづ》けることで、いつしかボケに変質《へんしつ》しまうツッコミ。

●ダブルツッコミ
一《ひと》つのものごとに対《たい》して、2人《ふたり》でツッコミを入《い》れまくるネタのパターン。「毒舌《どくぜつ》」や「愚痴《ぐち》」などと相性《あいしょう》が良《よ》い。

出《で》オチ

登場《とうじょう》する時《とき》に変顔《へんかお》、パンツ一丁《いっちょう》、ハイテンションで叫《さけ》ぶなど、インパクトのあることをして、笑《わら》いを取《と》ること。意表《いひょう》をついた登場《とうじょう》で爆笑《ばくしょう》をとれることもあるが、場合《ばあい》によっては見《み》ている人《ひと》をドン引《び》きさせることもある。

天然《てんねん》

周《まわ》りの人《ひと》からちょっとズレた行動《こうどう》をする人《ひと》。自《みずか》らバカをやるのではなく、もともとちょっと変《へん》な人《ひと》で、いるだけで笑《わら》いがとれてしまうことが多《おお》い。フリに対《たい》して、思《おも》いもよらぬ発言《はつげん》をしたり、行動《こうどう》をとったりする人《ひと》。

毒舌《どくぜつ》

刺《さ》さる言葉《ことば》で悪口《わるぐち》を言《い》う芸風《げいふう》。その裏《うら》には愛情《あいじょう》がある場合《ばあい》が多《おお》い。芸達者《げいたっしゃ》な人《ひと》が使《つか》わないとただの悪口《わるぐち》になってしまう可能性《かのうせい》が高《たか》い。

ナンセンス

本来《ほんらい》の意味《いみ》では「無意味《むいみ》」的《てき》に使《つか》われるが、お笑《わら》いでは意味《いみ》はないけれども、超《ちょう》がつくほどくだらなく、理屈《りくつ》を追求《ついきゅう》できないほどバカバカしい笑《わら》いを指《さ》すことがある。

2択《たく》

2つの対立《たいりつ》する意見《いけん》を言《い》い合《あ》うこと。定番《ていばん》のネタパターンとして「うんこ味《あじ》のカレーとカレー味《あじ》のうんこ。食《た》べるならどっち?」などの「究極《きゅうきょく》の選択《せんたく》」がある。

パロディ

「映画《えいが》」「アニメ」「ドラマ」など既存《きそん》の作品《さくひん》に、お笑《わら》い的《てき》なアレンジを加《くわ》えてネタをつくること。パロディコント。

ひき芸《げい》

発想《はっそう》で笑《わら》いをとるネタのこと。一見《いっけん》、突拍子《とっぴょうし》もない話《はなし》でも、徐々《じょじょ》にお客《きゃく》さんを自分《じぶん》の方《ほう》に引《ひ》きつけることから、そう呼《よ》ばれる。

風刺《ふうし》

社会《しゃかい》や人《ひと》の悪事《あくじ》や欠点《けってん》などを、直接《ちょくせつ》ではなく遠回《とおまわ》しに言《い》いながら笑《わら》いをとる手法《しゅほう》。主《おも》に権威《けんい》や権力《けんりょく》を持《も》つ人《ひと》を小《こ》バカにする時《とき》に使《つか》う笑《わら》いの手法《しゅほう》。

ベタ

ひねりのない笑《わら》いのこと。とはいえ、お笑《わら》いの基本《きほん》であり、とても重要《じゅうよう》なもの。ベタだけで笑《わら》いをとることは実《じつ》は大変《たいへん》むずかしい!

ヘタレ

情《なさ》けない人《ひと》、度胸《どきょう》のない人《ひと》のこと。バンジージャンプや怖《こわ》い話《はなし》などにビビっていることが芸《げい》になっている人《ひと》。

ボケ

漫才《まんざい》やコントで、話《はなし》を脱線《だっせん》させて、笑《わら》いを取《と》ったり、笑《わら》いのお題《だい》を提供《ていきょう》する役割《やくわり》。転《てん》じて笑《わら》いをとることを「ボケる」という。

【ネタにおけるボケ方《かた》の種類《しゅるい》】

●ボケツッコミ
ツッコミが暴走《ぼうそう》することで、ボケがいつしか正論《せいろん》のツッコミとなっている。

●ダブルボケ・パターンA《エー》
コンビが交互《こうご》にボケてツッコミを入《い》れる。しゃべくり漫才《まんざい》の王道《おうどう》スタイルであり真骨頂《しんこっちょう》。

●ダブルボケ・パターンB《ビー》
ボケた設定《せってい》に2人《ふたり》で乗《の》っかり、ツッコミもなく2人《ふたり》でボケ続《つづ》ける。

ぼやき&《アンド》愚痴《ぐち》

流行《りゅうこう》などの世相《せそう》に対《たい》して日頃思《ひごろおも》っていることや、自分《じぶん》が置《お》かれている状況《じょうきょう》に対《たい》して、世間《せけん》と比較《ひかく》しながら自分《じぶん》の状況《じょうきょう》を嘆《なげ》くネタのこと。〈自虐《じぎゃく》〉の場合《ばあい》は自分自身《じぶんじしん》の話《はなし》（太《ふと》っていることなど）になるが、〈ぼやき&《アンド》愚《ぐ》痴《ち》〉の場合《ばあい》は、世間《せけん》に対《たい》して自分《じぶん》という比《ひ》較《かく》になる。

マイム

無言《むごん》で、動作《どうさ》だけで表現《ひょうげん》する方法《ほうほう》。なにもないところを叩《たた》いて壁《かべ》があるように見《み》せかけたり、ドアがあるように開《ひら》いたりと、それがあたかもその場《ば》にあるように見《み》せかけるパフォーマンスのこと。お笑《わら》い業界《ぎょうかい》では「ジェスチャー」と言《い》われることの方《ほう》が多《おお》い。「コント」よりも「コント漫才《まんざい》」をする人《ひと》に必要《ひつよう》とされる能力《のうりょく》。

もしも〜話《ばなし》

仮定《かてい》の話《はなし》をすること。テンプレ的《てき》なパターンとして「もしも無人島《むじんとう》に一《ひと》つ持《も》って行《い》くならなににする?」「もしも透明人間《とうめいにんげん》になったらなにをする」「こんなラーメン屋《や》があったら儲《もう》かると思《おも》う」など多種多様《たしゅたよう》。おもしろい仮定《かてい》を思《おも》いつけば、ネタのパターンは無限《むげん》にある。

モノマネ

芸能人《げいのうじん》、身近《みぢか》な人《ひと》など誰《だれ》かを声《こえ》や見《み》た目《め》でマネすること。「ゲーム」「アニメ」のジャンルのモノマネ、「細《こま》かくて伝《つた》わらないマイナーモノマネ」など多種多様《たしゅたよう》なモノマネがある。「鳥《とり》の声《こえ》」など音《おと》だけをモノマネする「声帯模写《せいたいもしゃ》」は日本《にっぽん》の古典芸能《こてんげいのう》の一《ひと》つでもある。

リアクション芸《げい》

1980年代《ねんだい》あたりのバラエティー番組《ばんぐみ》から派生《はせい》した芸風《げいふう》。主《おも》に平場《ひらば》の芸《げい》であり「熱湯風呂《ねっとうぶろ》」「激辛料理《げきからりょうり》を食《た》べる」など、オーバーなリアクションなどをして笑《わら》いをとる芸風《げいふう》。

リズムネタ

音楽《おんがく》やリズムに合《あ》わせてネタをする芸風《げいふう》。〈決《き》めフレーズ〉〈ギャグ〉とかなり相性《あいしょう》が良《よ》い。

漫才《まんざい》

漫才《まんざい》がどのように構成《こうせい》されているのか、学《まな》んでいこう！

漫才《まんざい》は究極《きゅうきょく》の「おしゃべり芸《げい》」です。あるのは「サンパチマイク」1本《ぽん》のみ。なにもないからこそ、実《じつ》はとても自由《じゆう》です。例《たと》えば「もしもヒーローになって、超能力《ちょうのうりょく》が一《ひと》つ使《つか》えたらなにが一番《いちばん》いい？」というテーマならどういう漫《まん》才《ざい》をつくりますか？「瞬間移動《しゅんかんいどう》」と「テレパシー」、どちらの能力《のうりょく》が役《やく》に立《た》つかを「2人《ふたり》で議論《ぎろん》する」なら「しゃべくり漫才《まんざい》」になります。2人《ふたり》で超能力者《ちょうのうりょくしゃ》になって実演《じつえん》するなら「コント漫才《まんざい》」になります。同《おな》じお題《だい》でも、アプローチの仕方《しかた》でまったく違《ちが》うネタができあがるのです。

マイク1本《ぽん》しかないからこそ、制約《せいやく》がなにもなく、時《じ》間《かん》も空間《くうかん》も飛《と》び越《こ》えられます。自分《じぶん》の思《おも》いついたことを、即《そく》座《ざ》にやってみることができる。それが漫才《まんざい》の醍醐味《だいごみ》です。

しゃべくり漫才《まんざい》

ボケとツッコミのしゃべくりの応酬《おうしゅう》は漫才《まんざい》の王道《おうどう》だ。「あるある」「もしも～」などバリエーションは無限大《むげんだい》！

ダイタク

ネタにはたくさんの要素《ようそ》が重《かさ》なり合《あ》っています。そのパターンは無限大《むげんだい》で、お笑《わら》いに詳《くわ》しくなるほど多種多様《たしゅたよう》なネタを生《う》み出《だ》すことができます。

次《つぎ》のページからは、漫才師《まんざいし》さんたちのネタを一部再録《いちぶさいろく》させてもらい、26～29P《ページ》で紹介《しょうかい》した「お笑《わら》いの種類《しゅるい》」がどのようにかけ合《あ》わさって、どんなネタができるのか？を見《み》てきましょう！

ブラゴーリ

コント漫才《まんざい》

設定《せってい》をふって、コントインして、実演《じつえん》してみる。ブラゴーリは、舞《ぶ》台《たい》を所《ところ》せましと暴《あば》れ回《まわ》るぞ。

エバース

しゃべくり×持論《じろん》系《けい》×キレ芸《げい》

2016年結成《ねんけっせい》。佐々木《ささき》のむちゃくちゃな提案《ていあん》を、町田《まちだ》がどストレートな正論《せいろん》で立《た》ち向《む》かう！

町田和樹《まちだかずき》
佐々木隆史《ささきたかふみ》

野《や》球《きゅう》肘《ひじ》

自分《じぶん》が「野球肘《やきゅうひじ》だ！」とドヤ気味《ぎみ》に語《かた》る町田《まちだ》に、佐々木《ささき》が「野球肘《やきゅうひじ》」という言葉《ことば》の疑問《ぎもん》を投《な》げかけ続《つづ》ける。

じゃあ、「肘寿司《ひじずし》」ってなに？

それはシャリの上《うえ》に肘《ひじ》が乗《の》っかっているお寿司《すし》！

町田《まちだ》：中学《ちゅうがく》の時《とき》、野球部《やきゅうぶ》だったんですけれど、練習《れんしゅう》のしすぎで「野球《やきゅう》肘《ひじ》」になっちゃって。まだこの歳《とし》になっても痛《いた》むことあるんですよ。

佐々木《ささき》：「野球肘《やきゅうひじ》」？　ピッチャーが投《な》げたボールをバットの代《か》わりに肘《ひじ》で打《う》つやつ？

町田《まちだ》：**それは「肘野球《ひじやきゅう》」。**

佐々木《ささき》：野球《やきゅう》にまつわる言葉《ことば》って「プロ野球《やきゅう》」とか「草野球《くさやきゅう》」とか後半《こうはん》に「野球《やきゅう》」って単語《たんご》がつくと思《おも》うんだけど。

町田《まちだ》：それは野球《やきゅう》がメインの話《はなし》。オレが言《い》っているのは肘《ひじ》の話《はなし》。ちゃんと病名《びょうめい》であるの。スポーツで痛《いた》めた肘《ひじ》は「テニス肘《ひじ》」って名前《なまえ》がついてるの。

佐々木《ささき》：板前《いたまえ》さんが1日何百貫《にちなんびゃっかん》もお寿司《すし》を握《にぎ》って肘《ひじ》を痛《いた》めた場合《ばあい》はどうなるの？

町田《まちだ》：**それは「寿司肘《すしひじ》」だな。**

佐々木《ささき》：**え、じゃあ、「肘寿司《ひじずし》」ってなに？**

町田《まちだ》：それはシャリの上《うえ》に肘《ひじ》がのっかているお寿司《すし》！

このネタのポイント

一見《いっけん》むちゃな持論《じろん》を語《かた》る佐々木《ささき》。どんなしょうもないことにも町田《まちだ》がバカ真面目《まじめ》に答《こた》え続《つづ》けることでヒートアップしていく！

ダンビラムーチョ

しゃべくり×コントイン×顔芸《かおげい》

一番怖《いちばんこわ》いもの

出《だ》させて!! 出《だ》させてよ〜!

おい、ちょっとまて！
ひとの家《いえ》に用《よう》がある時《とき》は
玄関《げんかん》から入《はい》ってこい！

「一番怖《いちばんこわ》いものはなに？」と言《い》い合《あ》う2人《ふたり》。それぞれ怖《こわ》いものを実演《じつえん》してみるが、大原《おおはら》は「おじさん」だけでフニャオを打《う》ち負《ま》かしていく！　T《テレ》V《ビ》から出《で》ようとする貞子《さだこ》もおじさんには敵《かな》わない！

原田《はらだ》フニャオ

大原優一《おおはらゆういち》

ダンビラムーチョ

2011年結成《ねんけっせい》。大原《おおはら》の演技力《えんぎりょく》と歌唱力《かしょうりょく》を活《い》かしたネタが多《おお》い。フニャオがふにゃふにゃ振《ふ》り回《まわ》されるぞ！

一番怖《いちばんこわ》いのはヤンキーだと思《おも》うんですよ。

いや、普通《ふつう》のおじさんの方《ほう》が怖《こわ》いよ。

ほんとに？　オレがヤンキーやるから、おじさんやって。

おい、おっさん金《かね》出《だ》せよ。

なんですか!?

金《かね》もってんだろ。

働《はたら》いてるんだから、持《も》ってるにきまってるだろ！　オマエのようなやつに渡《わた》す金《かね》はない！　大人《おとな》をナメるな！

こういうおじさんいるけど！
でもさすがに幽霊《ゆうれい》、貞子《さだこ》の方《ほう》が怖《こわ》いですよ。

なんですか、人《ひと》の家《いえ》に勝手《かって》に入《はい》ってくるんじゃない！

このネタのポイント

ちょっと怖《こわ》めのおじさんが乗《の》り移《うつ》ったかのような大原《おおはら》の演技力《えんぎりょく》。目《め》がバキバキだ！　大原《おおはら》の演技力《えんぎりょく》の高《たか》さに加《くわ》えて、フニャオの頼《たよ》りなさが見事《みごと》にシンクロしているぞ。

ダイタク

コントイン×ジェスチャー

追加《ついか》でだし巻《ま》き一丁《いっちょう》！

……はいよ

居酒屋《いざかや》

「居酒屋《いざかや》をやりたい」と夢《ゆめ》を語《かた》る大《だい》。なぜか、大《だい》はずっと「だし巻《ま》き玉子《たまご》」だけをつくり続《つづ》けることに！

吉本大《よしもとだい》　吉本拓《よしもとたく》

ダイタク

2009年結成《ねんけっせい》。一卵性《いちらんせい》双生児《そうせいじ》で生《う》まれた時《とき》からずっと一緒《いっしょ》の2人《ふたり》は息《いき》もピッタリだ！　いろいろなパターンのネタを持《も》っているぞ！

大《だい》　将来《しょうらい》、地域《ちいき》に密着《みっちゃく》した居酒屋《いざかや》さんをやりたいんですよね。常連《じょうれん》さんとかいてね。

拓《たく》　あ〜、いいよね。いらっしゃい、加藤《かとう》さん、今日《きょう》はなに？　生《なま》ビールとだし巻《ま》き一丁《いっちょう》！　早《はや》くつくれよ。

大《だい》　え？　ああだし巻《ま》きね（だし巻《ま》きをつくり始《はじ》める）。

拓《たく》　いらしゃい、仲本《なかもと》さん。九州《きゅうしゅう》行《い》ってきたの？　お土産《みやげ》に明太子《めいたいこ》？　ありがとうございます！　これで巻《ま》く？　明太《めんたい》だし巻《ま》き一丁《いっちょう》！

大《だい》　勝手《かって》なことするなよ！

拓《たく》　いいだろ、だし巻《ま》きがあるんだから！　工事《こうじ》くんは子《こ》どもだから甘《あま》いやつの方《ほう》がいいか。甘《あま》いだし巻《ま》き追加《ついか》で！

大《だい》　そんなのやってねーって！

このネタのポイント

「だし巻《ま》き玉子《たまご》」をつくるのには時間《じかん》がかかります。それをネタの間中延々《あいだじゅうえんえん》と続《つづ》けることで笑《わら》いになりますが、かなりの演技力《えんぎりょく》が必要《ひつよう》とされます。

じゃあ、緑《みどり》にぬればいいじゃん！

ボイスレコーダーは銀色《ぎんいろ》だろ

ド桜《ざくら》

しゃべくり×天然《てんねん》×キレ芸《げい》

インコ

「インコを飼《か》いたい」と言《い》い出《だ》す村田《むらた》を、必死《ひっし》に止《と》めるかつやま。理由《りゆう》はちんぷんかんぷんだが、かつやまは真剣《しんけん》だ！

2024年結成《ねんけっせい》。変《へん》なことを当《あ》たり前《まえ》だと思《おも》っている天然《てんねん》のかつやまに、コワモテな村田《むらた》がふりまわされる。

村田《むらた》：インコ飼《か》いたいと思《おも》っているんですよ。

かつやま：**絶対《ぜったい》にやめといた方《ほう》がいいよ。すぐに逃《に》げるから。ぼくの近所《きんじょ》で「このインコ知《し》りませんか」ってたくさん見《み》かけるよ。**

村田《むらた》：犬《いぬ》とか猫《ねこ》の方《ほう》が多《おお》くない？ オマエの住《す》んでる街《まち》、変《へん》じゃない？？

かつやま：**絶対《ぜったい》に逃《に》げるよ。村田《むらた》さんのためを思《おも》って言《い》ってるんだよ。なんで、そんなにインコがいいの？**

村田《むらた》：「ピーちゃん！」って言《い》ったら「ピーちゃん」って言《い》い返《かえ》してくれるんだよ。かわいいだろ！

かつやま：**言葉《ことば》を返《かえ》してくれるなら、ボイスレコーダーでいいじゃん？**

村田《むらた》：ボイスレコーダーは指《ゆび》には止《と》まらんやろ！

かつやま：**両面《りょうめん》テープでつければいいじゃん！**

このネタのポイント
天然《てんねん》のかつやまの忠告《ちゅうこく》は明《あき》らかに変《へん》なのだが、村《むら》田《た》のことを思《おも》っていってくれているので、真剣《しんけん》につきあうしかない！

素敵《すてき》じゃないか

しゃべくり×大喜利《おおぎり》×ツッコミボケ

2014年結成《ねんけっせい》。主《おも》にしゃべくり漫才《まんざい》で、当《あ》たり前《まえ》に使《つか》っている言葉《ことば》や世《よ》の中《なか》のことに、柏木《かしわぎ》が独自《どくじ》の疑問《ぎもん》を投《な》げかける！

家《か》電《でん》

家電名《かでんめい》をカッコつけて英語《えいご》で言《い》う柏木《かしわぎ》。わかりづらいので、吉野《よしの》が日本語《にほんご》で言《い》い直《なお》したところ、いつしか変《へん》なことに？

柏木《かしわぎ》：最新式《さいしんしき》の家電《かでん》を揃《そろ》えたいんですよね。例《たと》えばリフリジュレイターーね。

吉野《よしの》：オマエ、冷蔵庫《れいぞうこ》って言《い》えよ。なんで英語《えいご》で言《い》うねん

柏木《かしわぎ》：バキュームクリーナーもほしいな。

吉野《よしの》：**掃除機《そうじき》や！カッコつけて英語《えいご》で言《い》うな！**

柏木《かしわぎ》：それからライスクッカーね、それもライスクッカークレイポッド。

吉野《よしの》：**炊飯器《すいはんき》！土鍋式炊飯器《どなべしきすいはんき》な！**

柏木《かしわぎ》：ドライヤーとホットカーペットも欲《ほ》しいなあ。

吉野《よしの》：**毛髪乾燥機《もうはつかんそうき》と絨毯型床暖房《じゅうたんがたゆかだんぼう》や！**

このネタのポイント

吉野《よしの》が日本語《にほんご》にこだわるあまりに、柏木《かしわぎ》を正《ただ》しているうちに、いつしか吉野《よしの》が大暴走《だいぼうそう》！吉野《よしの》の方《ほう》が変《へん》になってしまう。

ヨネダ2000《にせん》

リズム×ナンセンス×しゃべくり×W《ダブル》ボケⒷ《ビー》

2020年結成《ねんけっせい》。誠《まこと》の摩《ま》訶不思議《かふしぎ》すぎる提案《ていあん》に愛《あい》がつき合《あ》わされるものの…楽《たの》しくノリノリになる2人《ふたり》！

餅《もち》つき

イギリスで餅《もち》つき大《たい》会《かい》を開《ひら》いて、一儲《ひともう》けを企《たくら》む誠《まこと》。なにがなんだかわからずに巻《ま》き込《こ》まれた愛《あい》だったが…2人《ふたり》でノリノリに！

愛：ぺったんこ！
誠：あーいっ！
愛：ぺったんこ！
誠：あーいっ！
愛：ぺったんこ！
誠：あーいっ！
愛：ぺったんこ！
誠：あーいっ！
愛：ぺったんこ！
誠：あーいっ！
愛：ぺったんこ！
誠：あーいっ！
愛：ぺったんこ！
誠：あーいっ！

愛：ぺったんこ！
誠：あーいっ！
愛：ぺったんこ！
誠：あーいっ！
愛：ぺったんこ！
誠：あーいっ！
愛：ぺったんこ！
誠：あーいっ！
愛：ぺったんこ！
誠：あーいっ！
愛：ぺったんこ！
誠：あーいっ！
愛：ぺったんこ！
誠：あーいっ！

このネタのポイント

ツッコミなしのW《ダブル》ボケ。リズムとテンポ、さらにはダンスまでが加《くわ》わって、圧倒《あっとう》されてしまうぞ！

タモンズ

しゃべくり＋ぼやき&《アンド》愚痴《ぐち》

シャンシャンとランランもかわいがねんなぁ　アベアベもかわいがってくれや！

おっさんが暴《あば》れるな！

パンダ

動物園《どうぶつえん》の人気《にんき》もののパンダ。パンダだけが特別扱《とくべつあつか》いされることに、安部《あべ》の不満《ふまん》が爆発《ばくはつ》する！

大波康平《おおなみこうへい》　安部浩章《あべひろあき》

タモンズ

2006年結成《ねんけっせい》。世間《せけん》の世知辛《せちがら》さや奥《おく》さんの愚痴《ぐち》を語《かた》る安部《あべ》に、それは「自分《じぶん》のだらしなさのせいでは？」と大波《おおなみ》がなだめていく！

安部《あべ》：パンダってレンタル料《りょう》が1億円《おくえん》かかってんねん。1億円《おくえん》の働《はたら》きしてないよね？

大波《おおなみ》：助《すけ》っ人外国人《とがいこくじん》みたいに言《い》うな！　人気者《にんきもの》でお客《きゃく》さん呼《よ》んでるから1億円《おくえん》の働《はたら》きしてるやろ。白《しろ》と黒《くろ》でかわいいやろ。

安部《あべ》：白《しろ》と黒《くろ》ならパトカーでええやん。檻《おり》の中《なか》にパトカー入《い》れとけよ。

大波《おおなみ》：誰《だれ》が檻《おり》の中《なか》にいれたパトカー見《み》て喜《よろこ》ぶねん！　何《なん》でそんなにパンダ敵視《てきし》してねん？

安部《あべ》：パンダだけせこいからや！　あいつら笹食《ささく》ってゴロゴロしてるだけで、可愛《かわい》いって言《い》われやがって！　なんでオレが昼《ひる》から酒飲《さけの》んでゴロゴロしとったら嫁《よめ》に蹴《け》られるんや！

大波《おおなみ》：当《あ》たり前《まえ》や！　昼間《ひるま》からおっさんがゴロゴロしてたらジャマなだけや！

安部《あべ》：パンダだけズルいわ！

このネタのポイント

幼稚園児《ようちえんじ》のようにダダをこねて暴《あば》れる安部《あべ》の姿《すがた》がバカバカしい。みんなはこんなおじさんには、ならないでね！

イチゴ

しゃべくり＋シュール＋ツッコミ

イクト　木原優一《きはらゆういち》

たこ焼《や》き

近《ちか》くに開店《かいてん》したたこ焼《や》き屋《や》がとても美味《おい》しいことを語《かた》るイクト。美味《うま》そうだ！　とうなずいていた木原《きはら》に災難《さいなん》が襲《おそ》いかかる？

2021年結成《ねんけっせい》。イクトがどんなに理解不能《りかいふのう》なことを言《い》い出《だ》しても、お客《きゃく》さんのために木原《きはら》は、なにがなんでも理解《りかい》しようと奮闘《ふんとう》する！

イクト 近《ちか》くに美味《おい》しいたこ焼《や》き屋《や》ができたんですよ。外《そと》はカリカリ、中《なか》はとろとろ、これぞ「ザ・たこ焼《や》き」って感《かん》じのお店《みせ》で。口《くち》の中《なか》に入《い》れた途端《とたん》、あっちあっちいって感《かん》じで

木原《きはら》 おー、食《た》べたい食《た》べたい！

イクト オマエ、本当《ほんとう》に食《た》べたそうだな。目《め》がとろっとろになっちゃってるよ！

木原《きはら》 ほんとにーーっ？

イクト でも、その目《め》の中《なか》にネギ、紅《べに》しょうが、天《てん》かす入《い》れて、イキのいいタコぶりっと一粒《ひとつぶ》、最後《さいご》に天《てん》かすパシャっとな、でもあなたの目《め》の周《まわ》りに焼《や》く機能《きのう》のようなものついているんですか？　いいえ、ありません。じゃあ、目《め》の中《なか》でたこ焼《や》きつくれねえ！（バシっ！　イクトが木原《きはら》をたたく）

木原《きはら》 ん〜〜！　何《なに》が起《お》こった？

このネタのポイント

「たこ焼《や》き食《た》べたい」と言《い》っただけで、イクトにひっぱたかれた木原《きはら》。その原因《げんいん》を探《さぐ》るほどに、シュールなイクトの世界《せかい》の深《ふか》みにハマっていってしまう！

ネイチャーバーガー

しゃべくり×ツッコミ×キレ芸《げい》

子《こ》どもの名前《なまえ》

笹本《ささもと》が三浦《みうら》に将来《しょうらい》の自分《じぶん》の子《こ》どもの名前《なまえ》を相談《そうだん》する。しかし、どんなに三浦《みうら》が提案《ていあん》しても、ことごとく否定《ひてい》しまくり続《つづ》ける！

三浦《みうら》リョースケ　笹本《ささもと》はやて

ネイチャーバーガー

2016年結成《ねんけっせい》。腰《こし》に手《て》を当《あ》てながらキレる笹本《ささもと》の独特《どくとく》のスタイルを「ディープ」と呼《よ》んでいる。

笹本《ささもと》：子《こ》どもの名前《なまえ》をつけるのって難《むずか》しいと思《おも》うんですよ。一緒《いっしょ》に考《かんが》えてもらってもいい？

三浦《みうら》：オレのおじさんに「力雄《りきお》」おじさんっているんですけど、名前《なまえ》の通《とお》りめっちゃ力持《ちからも》ちでかっこいいんですよ。

笹本《ささもと》：オレのかわいい息子《むすこ》を勝手《かって》にタンクトップマッチョ着《き》た汗《あせ》まみれのおじさんに変《か》えてくるなよ！

三浦《みうら》：失礼《しつれい》だろ！

笹本《ささもと》：なんでオレの息子《むすこ》をビシャビシャにするんだよ。もっとかわいい名前《なまえ》にしろよ。

三浦《みうら》：じゃあ、長男《ちょうなん》だし、「一《いち》」って書《か》いて「はじめ」は？

笹本《ささもと》：文字《もじ》だけ見《み》ると「ささもとーーー」ってなるだろ！

三浦《みうら》：ならねーよ！

このネタのポイント

三浦《みうら》がなにを言《い》っても文句《もんく》をつけずにはいられない笹本《ささもと》。三浦《みうら》が途中《とちゅう》で投《な》げやりになるほどに、笹本《ささもと》の暴走《ぼうそう》が加速《かそく》していく！

シシガシラ

しゃべくり×あるある×コンプレックス

遊園地《ゆうえんち》

「遊園地《ゆうえんち》あるある」で盛《も》り上《あ》がる2人《ふたり》。しかし、脇田《わきた》の言《い》う「あるある」に浜中《はまなか》は違和感《いわかん》を感《かん》じ始《はじ》める…その原因《げんいん》とは？

自分《じぶん》がハゲてるって想像《そうぞう》しながら聞《き》いてよ！

ハゲてない人《ひと》にはピンと来《こ》ないいんですよ

浜中英昌《はまなかひでまさ》

脇田《わきた》

シシガシラ

2018年結成《ねんけっせい》。脇田《わきた》のハゲをいじるハゲ漫才《まんざい》！　誰《だれ》も思《おも》いつかないようなハゲネタをたくさん持《も》っているぞ！

脇田《わきた》：この前《まえ》、遊園地《ゆうえんち》に行《い》ったんですけど、行列《ぎょうれつ》に並《なら》んでる時《とき》って、話題《わだい》がなくなって気《き》まずくなりませんか？

浜中《はまなか》：あー、それ「超《ちょう》あるある」だね！

脇田《わきた》：遊園地《ゆうえんち》の「あるある」と言《い》えば「絶叫《ぜっきょう》マシンに乗《の》る時《とき》、帽子《ぼうし》を取《と》る時《とき》が一番恥《いちばんは》ずかしい」。

浜中《はまなか》：えっ？　まぁ…はい…。

脇田《わきた》：あと「みんなでおそろいのカチューシャ買《か》っちゃう」。

浜中《はまなか》：あーあるね！　それで言《い》ったら「そのカチューシャグッズつけてるだけで、めっちゃ笑《わら》われる」。

脇田《わきた》：**それハゲあるあるじゃない？**

浜中《はまなか》：**どういうこと？　遊園地《ゆうえんち》あるあるでしょ？**

脇田《わきた》：**遊園地《ゆうえんち》あるあるのハゲバージョンなんですよ。**

浜中《はまなか》：**オレのあるあるなんだから、ハゲてても仕方《しかた》ないだろ！**

このネタのポイント

自虐《じぎゃく》することなく、ハゲに合《あ》わさせようとする脇田《わきた》。コンプレックスはちょっと見方《みかた》を変《か》えるだけで大《おお》きな武器《ぶき》に！

しゃべくり
オズワルド

シュール × ツッコミ

双子《ふたご》はぼんやりしてるからいいことしかない!

双子《ふたご》の友達《ともだち》とかいない？

友達《ともだち》

友達《ともだち》が1人《ひとり》もいないという畠中《はたなか》が、伊藤《いとう》の友達《とも》をもらおうとする。断《ことわ》り続《つづ》けてる伊藤《いとう》に、不気味《ぶきみ》な提案《ていあん》をし続《つづ》ける。

伊藤俊介《いとうしゅんすけ》
畠中悠《はたなかゆう》
オズワルド

2014年結成《ねんけっせい》。シュールなことを当然《とうぜん》のことのように要求《ようきゅう》したり、相談《そうだん》したりする畠中《はたなか》を、伊藤《いとう》がなだめ続《つづ》ける。

畠中《はたなか》 この前《まえ》、友達《ともだち》と待《ま》ち合《あ》わせしていたら来《こ》なくて。よく考《かんが》えたら友達《ともだち》いなかった。

伊藤《いとう》 **なになになに？ オマエ、友達《ともだち》いないの？**

畠中《はたなか》 近所《きんじょ》でなんでも話《はな》せるお地蔵《じぞう》さんならいるけど。

伊藤《いとう》 **これが友達《ともだち》0《ゼロ》かぁ。**

畠中《はたなか》 キミは友達《ともだち》たくさんいるよね？ 誰《だれ》かくれない？ もちろん、キミの中《なか》で一番《いちばん》いらないやつでいいから。

伊藤《いとう》 **いやあげられないよ、友達《ともだち》は！**

畠中《はたなか》 だったらオレが選《えら》んであげるね。一番足《いちばんあし》が遅《おそ》いやつにしよう。キミの友達《ともだち》をグラウンドに解《と》き放《はな》って、オレが追《お》いかけるから。最初《さいしょ》に捕《つか》まったやつでいい？

伊藤《いとう》 **もう人間《にんげん》の話《はなし》じゃねぇ！ 妖怪《ようかい》の話《はなし》だよ。**

このネタのポイント

伊藤《いとう》が「友達《ともだち》はあげられない」と断《ことわ》り続《つづ》けるほどに、畠中《はたなか》の提案《ていあん》はよりシュールになっていく！

しゃべくり × 大喜利《おおぎり》 × W《ダブル》ボケ Ⓐ

囲碁将棋《いごしょうぎ》

やってみろよ！

24時間《じかん》マラソンを走《はし》るピッコロ大魔王《だいまおう》をスタジオから応援《おうえん》する孫悟空《そんごくう》、孫悟飯《そんごはん》、孫正義《そんまさよし》

モノマネ

文田《ふみた》が人生初《じんせいはつ》のモノマネにチャレンジ。モノマネのタイトルができそうにないものばかりで根建《ねだて》が怒《いか》り出《だ》す！

根建太一《ねだてたいち》
文田大介《ふみただいすけ》
囲碁将棋《いごしょうぎ》

2004年結成《ねんけっせい》。ぶっ飛《と》び理論《りろん》を語《かた》る文田《ふみた》に対《たい》して、ツッコミを入《い》れていた根建《ねだて》がいつしかよりぶっ飛《と》んでいくしゃべくり漫才《まんざい》！

文田《ふみた》　根建《ねだて》　文田《ふみた》　根建《ねだて》　文田《ふみた》　根建《ねだて》　文田《ふみた》　根建《ねだて》　文田《ふみた》

モノマネに挑戦《ちょうせん》したことがないんですよ。やってみたら上手《うま》い可能性《かのうせい》があるんじゃないかと。

たしかに！　ちょっとお試《ため》しでやってみれば？

「街《まち》で買《か》い物《もの》している様子《ようす》がとても毎日《まいにち》がスペシャルとは思《おも》えない竹内《たけうち》まりや」。

ちょっと生意気《なまいき》だよ！　竹内《たけうち》まりやのモノマネしたことあるの？

1回《かい》もない。

竹内《たけうち》まりやのモノマネをやったことがない人《ひと》がやっていい演目《えんもく》じゃないよ。人《ひと》に文句《もんく》ばかり言《い》ってんじゃねえよ。そんならオマエもやってみろよ。

7人《にん》の話《はなし》を同時《どうじ》に聞《き》き同時《どうじ》に涙《なみだ》する聖徳光和夫太子《しょうとくみつかずおたいし》。

なに見事《みごと》にカウンターかましてくるんだよ。

※注《ちゅう》・竹内《たけうち》まりや・シンガーソングライター

このネタのポイント

常軌《じょうき》を逸《いっ》した文田《ふみた》に対《たい》してツッコミを入《い》れていた根建《ねだて》。しかし、根建《ねだて》の方《ほう》がさらにヤバいことを言《い》い出《だ》してW《ダブル》ボケの無限《むげん》ループに入《はい》っていく！

下《しも》ネタはアリ?ナシ?

「下《しも》ネタ」とは読《よ》んで字《じ》のごとく「下品《げひん》なネタ」のことです。「うんこ」「ゲロ」という言葉《ことば》はちょっと言《い》うにはおもしろいですが、言《い》いすぎると人《ひと》を不快《ふかい》にさせてしまいます。しかし、下《げ》品《ひん》な言葉《ことば》でもおもしろいネタができないわけではありません。

囲碁将棋《いごしょうぎ》のネタで「銭湯《せんとう》のマナー」というネタがあります。文田《ふみた》が銭湯《せんとう》に行《い》った時《とき》に、湯船《ゆぶね》にタオルをつけてしまったところ、湯船《ゆぶね》に浸《つ》かっていたおじさんから「汚《きた》ねえな!」とキレられたエピソードを話《はな》します。そこで、文《ふみ》田《た》は疑問《ぎもん》に思《おも》います。そのおじさんは湯船《ゆぶね》に入《はい》っているということは、おじさんの「肛門《こうもん》」も湯船《ゆぶね》の中《なか》にある。それなら「肛門《こうもん》」の方《ほう》が汚《きた》ねえじゃねえか!と言《い》い出《だ》すのです。しかし、根《ね》建《だて》は「銭湯《せんとう》で湯船《ゆぶね》にタオルを入《い》れるのはマナー違反《いはん》」なので、文田《ふみた》が悪《わる》いとおじさんを擁護《ようご》するのです。

それに対《たい》して文田《ふみた》がヒートアップ。「それなら〈タオルをしぼった水《みず》〉と〈肛《こう》門《もん》から出《で》た水〉。どっちが汚《きた》ないか?」と聞《き》くと、根《ね》建《だて》は「銭湯《せんとう》にいる限《かぎ》りはタオル!」と譲《ゆず》りません。最後《さいご》に根建《ねだて》が「湯船《ゆぶね》に入《はい》る前《まえ》に体《からだ》を洗《あら》ったら『肛門《こうもん》』がタオルに移動《いどう》してるんだよ!」と言《い》い出《だ》すのです。

「銭湯《せんとう》の湯船《ゆぶね》にタオルを入《い》れるのはマナー違反《いはん》」と言《い》うことを譲《ゆず》らない根建《ねだて》が「ツッコミボケ」となり暴走《ぼうそう》し、「体《からだ》を洗《あら》った時《とき》に肛門《こうもん》はタオルに移動《いどう》している」と言《い》うとてもナンセンスなネタです。

劇場《げきじょう》では大爆笑《だいばくしょう》なのですが、テレビでは「下《しも》ネタ」と言《い》われてしまいました。どんなにおもしろいネタでも、下品《げひん》な言葉《ことば》を使《つか》うと下《しも》ネタあつかいされてしまうこともあります。ネタをつくる時《とき》には注意《ちゅうい》しましょう!

下品《げひん》な言葉《ことば》は聞《き》くだけで嫌《いや》がる人《ひと》もいるよ!
みんなも気《き》をつけてねー!

お笑い講座《おわらいこうざ》

漫才《まんざい》

自己紹介《じこしょうかい》とつかみ

初《はじ》めて見《み》る人《ひと》に対《たい》して「自分《じぶん》たちが誰《だれ》なのか？」「どんな2人《ふたり》がどんな話《はなし》をするんだろうか？」とわからせるために、自己紹介《じこしょうかい》とつかみはとても大事《だいじ》だ。芸人《げいにん》さんたちのつかみを見《み》て考《かんが》えてみよう！

お笑《わら》いにとって「つかみ」はとても重要《じゅうよう》です。特《とく》に漫才《まんざい》の場合《ばあい》は、最初《さいしょ》にどれくらい笑《わら》いを取《と》れるかはネタの生命線《せいめいせん》にもなります。

ネイチャーバーガーの場合《ばあい》

その日《ひ》の一言《ひとこと》

独自《どくじ》のツッコミボケをする笹本《ささもと》は、その日《ひ》のお客《きゃく》さんを見《み》ながら最初《さいしょ》の一言《ひとこと》を決《き》める。世相《せそう》や事件《じけん》はもちろん、その日《ひ》のお客《きゃく》さんをいじることもある。

ダイタクの場合《ばあい》

双子《ふたご》ボケ

家族《かぞく》のエピソードを話《はな》したり、年齢《ねんれい》や出身地《しゅっしんち》を語《かた》った後《あと》に、「オマエは?」と聞《き》く大《だい》に拓《たく》が即座《そくざ》にツッコミ。お約束《やくそく》となっていて、ボケが決《き》まると大《だい》が刀《かたな》を抜《ぬ》いて納《おさ》める「伝《でん》家《か》の宝刀《ほうとう》」ポーズをとることも。

"一《いっ》緒《しょ》だよ〜!!"

ダンビラムーチョの場合《ばあい》

定番《ていばん》ギャグ

大原《おおはら》が「大原《おおはら》〜大原《おおはら》〜◯◯になったら大原《おおはら》〜♪」とモノマネなどを入《い》れて自己《じこ》紹介《しょうかい》した後《あと》に、一言《ひとこと》リアクション。フニャオがその後《あと》にギャグが炸裂《さくれつ》すると、ネタのスタートだ!

"●●するなんて、〜シャレになってないじゃーん!"

囲碁将棋の場合《ばあい》

雄叫《おたけ》び

囲碁将棋《いごしょうぎ》は2人《ふたり》とも180センチ以上《いじょう》もある高身長《こうしんちょう》コンビだ。文田《ふみた》が天井《てんじょう》を見上《みあ》げて「どーもー」と雄《お》叫《たけ》びを上《あ》げながら登場《とうじょう》するだけで、迫力満点《はくりょくまんてん》。しかし、ネタに入《はい》るとひねりのきいたネタをやるので、ギャップがすごいのだ!!

"ど〜も〜!"

ツッコミ講座《こうざ》
「なんでやねん！」って なんやねん!?

関西弁《かんさいべん》特有《とくゆう》のツッコミに「なんでやねん！」があります。標準語《ひょうじゅんご》にすると「なんでだよ！」となりそうですが、これが違《ちが》います。関《かん》西弁《さいべん》は関西圏《かんさいけん》の人《ひと》たちにとっ↓て、長年《ながねん》親《した》しまれて使《つか》われてきた言葉《ことば》です。生活《せいかつ》に根《ね》差《ざ》し、なじんでいるのです。関西《かんさい》の人《ひと》が「なんでやねん！」と言《い》う時《とき》、そこには「コイツしょうもないやっちゃな↖

やってみろよ！

囲碁将棋《いごしょうぎ》・根建《ねだて》

進化《しんか》するツッコミ

ネタは数種類《すうしゅるい》のパターンの組《く》み合《あ》わせで構成《こうせい》されています。「M-1《エム ワン》グランプリ」ができて、漫才《まんざい》が競技化《きょうぎか》したことで、年々《ねんねん》、ボケが複雑《ふくざつ》に進化《しんか》しています。ボケが複雑《ふくざつ》になるほどに、ツッコミも進化《しんか》しています。「お笑《わら》いの種類《しゅるい》」でツッコミの種類《しゅるい》を説明《せつめい》しましたが、漫才師《まんざいし》の数《かず》ほどにツッコミもあるのです。オリジナル性《せい》のあるツッコミフレーズをいくつか紹介《しょうかい》しましょう！

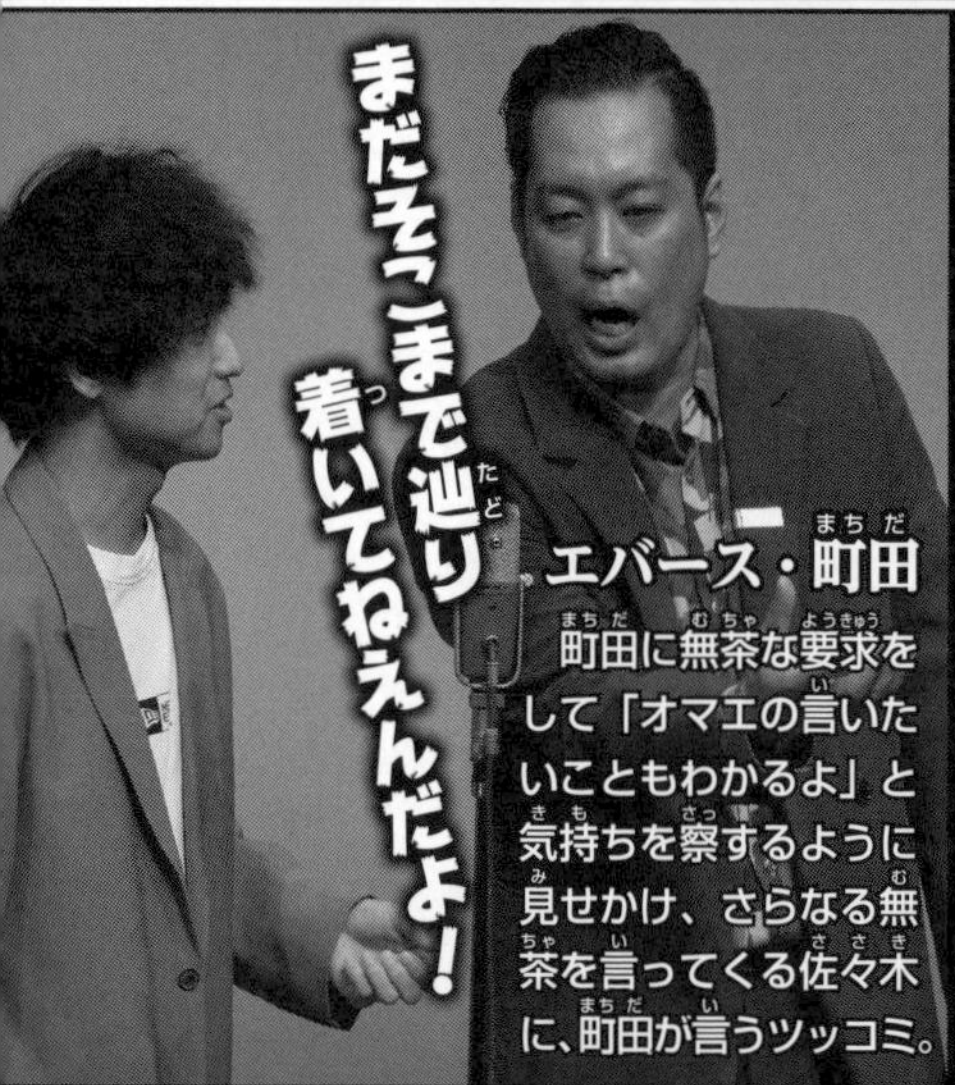

まだそこまで辿《たど》り着《つ》いてねえんだよ！

エバース・町田《まちだ》

町田《まちだ》に無茶《むちゃ》な要求《ようきゅう》をして「オマエの言《い》いたいこともわかるよ」と気持《きも》ちを察《さっ》するように見《み》せかけ、さらなる無茶《むちゃ》を言《い》ってくる佐々木《ささき》に、町田《まちだ》が言《い》うツッコミ。

●●なんだってさー！

オズワルド・伊藤《いとう》

シュールすぎる畠中《はたなか》の話《はなし》にずっとつきあい続《つづ》け、最後《さいご》に強烈《きょうれつ》な一言《ひとこと》を浴《あ》びせます。伊藤《いとう》が普段《ふだん》はボソボソとしゃべっているだけに強烈《きょうれつ》なインパクトを残《のこ》します。

あ〜」という、相手《あいて》への親《した》しみや愛情《あいじょう》が感《かん》じられます。くだらないことを言《い》っている相手《あいて》を受《う》け入《い》れる姿勢《しせい》があるのです。相手《あいて》に返答《へんとう》を求《もと》め、聞《き》き返《かえ》している言葉《ことば》ではないのです。

しかし、「なんでだよ！」はボケた相手《あいて》に答《こた》えを求《もと》めるという意味《いみ》合《あ》いが強《つよ》くなります。相手《あいて》を否定《ひてい》する要素《ようそ》が大《おお》きいのです。

関西弁《かんさいべん》には独特《どくとく》のイントネーションがあり、関西圏《かんさいけん》ではない人《ひと》↘

が使《つか》うとしらじらしくなります。関西圏以外《かんさいけんいがい》の人《ひと》が使《つか》うことをおすすめできません。

囲碁将棋《いごしょうぎ》・根《ね》建《だて》は「なんでやねん！」に変《か》わる言葉《ことば》として「やってみろよ！」を考《かんが》えだしました。この言葉《ことば》には「やってみろよ！」の前《まえ》に「やれるもんなら」という意味《いみ》が込《こ》められています。できるわけがない、やれるわけがないからこそ、ツッコミを入《い》れている言葉《ことば》です。相方《あいかた》・文田《ふみた》のことを受《う》け入《い》れているからこそ、生《う》み出《だ》した言葉《ことば》ともいえます。

多《おお》くのツッコミの人《ひと》たちが、自《じ》分《ぶん》たちならではのツッコミ言葉《ことば》を生《う》み出《だ》しているのです。

素敵《すてき》じゃないか・吉野《よしの》

ダイタク・拓《たく》

大《だい》が自分《じぶん》たちや家族《かぞく》の恥《は》ずかしいエピソードを語《かた》る時《とき》の拓《たく》の決《き》めフレーズ。「言《い》うーな」と言《い》うものの、拓《たく》がさらなる情報《じょうほう》をつけ加《くわ》えてしまう！

イチゴ・木原《きはら》

イクトが言《い》い出《だ》すことはシュールなことばかりでほとんど理解不能《りかいふのう》。「ポカ〜〜ン」としているお客《きゃく》さんの気持《きも》ちを木原《きはら》が代弁《だいべん》してくれます。

お笑《わら》い講座《こうざ》

コント

コント師《し》たちがつくり出《だ》すおもしろ世界《せかい》へようこそ！

「コント」は「漫才《まんざい》」のように「笑《わら》いの種類《しゅるい》」の解説《かいせつ》がちょっと困難《こんなん》です。それは「コント」が短《みじか》いお芝居《しばい》で「ストーリー」があるからです。例《たと》えば、大親友《だいしんゆう》の友達《ともだち》が転校《てんこう》してしまう。いつか再会《さいかい》することを約束《やくそく》して、お別《わか》れします。ところが、数時間後《すうじかんご》にばったり会《あ》ってしまい、気《き》まずいけれども笑《わら》ってしまう…。

「コント」にはこのようなちょっとクスリと笑《わら》ってしまう場面《ばめん》もネタになります。おしゃべりを続《つづ》ける「漫才《まんざい》」は基本的《きほんてき》には「爆笑《ばくしょう》」が求《もと》められています。しかし、コントはお芝居《しばい》を演《えん》じることで、時《とき》に人《ひと》を泣《な》かせたり、感動《かんどう》させたりすることもできるのです。

コントには演《えん》じ方《かた》にいくつかのパターンがあります。「ギャグマンガ調《ちょう》コント」はただただギャグを繰《く》り出《だ》し、ドタバタのやり取《と》りが続《つづ》きます。「リアル系《けい》コント」は、どこかで見《み》たことのある日常《にちじょう》を切《き》り取《と》ったコントです。最近《さいきん》の若手芸人《わかてげいにん》のコントは「リアル系《けい》」が多《おお》いのですが、「リアル系《けい》」でありながら、マンガのような濃《こ》いキャラクターが登場《とうじょう》する中間的《ちゅうかんてき》な「ハイブリッド系《けい》」も多《おお》く見受《みう》けられます。

コントには、演《えん》じるコント師《し》たちがつくり出《だ》す世界観《せかいかん》があるのです。どんなパターンにどんな世界観《せかいかん》があるかを見《み》ていきましょう！

ネルソンズ

リアルコント系《けい》

花火《はなび》大会《たいかい》の事務局《じむきょく》に現《あらわ》れた挙動不審《きょどうふしん》なおじさん。財布《さいふ》を無《な》くしたことに気《き》づくと、財布《さいふ》を拾《ひろ》った青年《せいねん》がやってくる。しかし、財布《さいふ》の中身《なかみ》はからっぽ！　おじさんは青年《せいねん》を疑《うたが》い始《はじ》める。

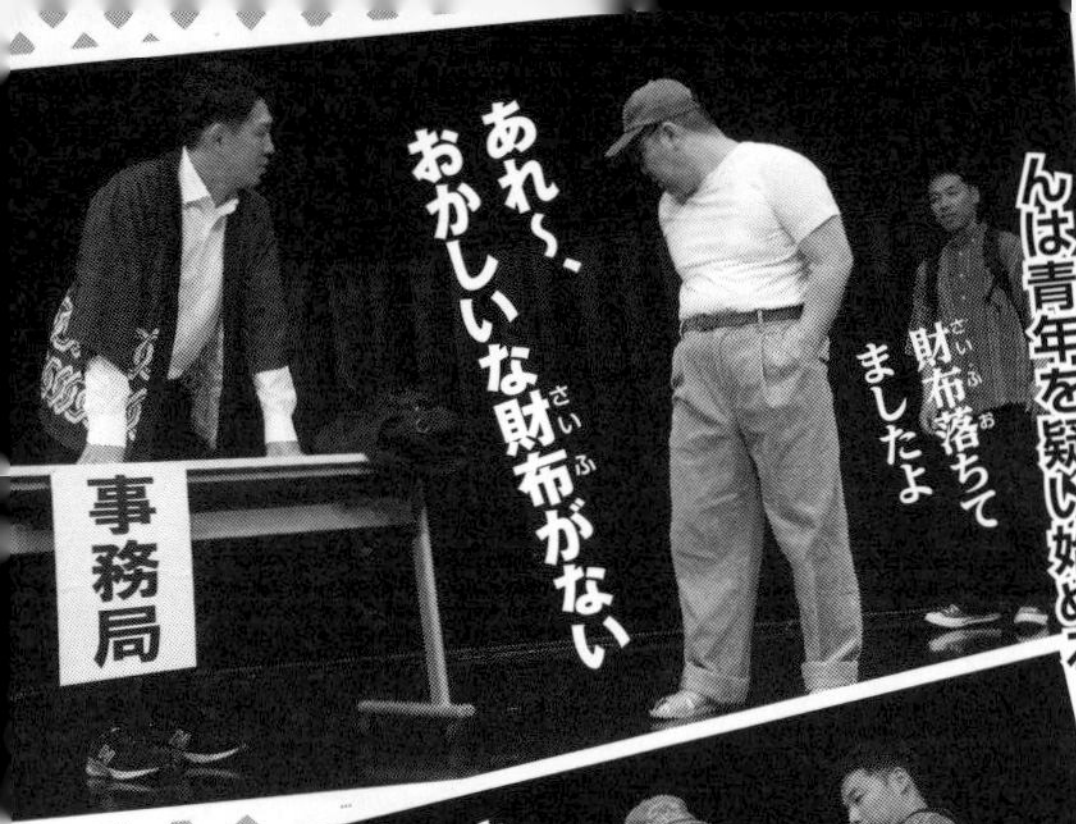

2009年結成《ねんけっせい》。おじさんやダメ男《おとこ》を演《えん》じる和田《わだ》、女性役《じょせいやく》やヤバ目男《めおとこ》の岸《きし》、そして直情型《ちょくじょうがた》の青山《あおやま》と、設定《せってい》によってボケ、ツッコミの役割《やくわり》が変《か》わるトリオ

ギャグマンガ系《けい》

5GAP《ファイブギャップ》

ホワイト赤《あか》マン

道《みち》ばたでゴミのポイ捨《す》てをしたトモ。その時《とき》、街《まち》の平和《へいわ》を守《まも》るヒーローが現《あらわ》れた！　人呼《ひとよ》んでホワイト赤《あか》マン！　トモよりも迷惑《めいわく》なやつだった！

5GAP《ファイブギャップ》

1999年結成《ねんけっせい》。ドラマ性《せい》は0《ゼロ》！　クボケン演《えん》じるギャグマンガ調《ちょう》のキャラがマシンガンのようにボケまくり、トモがツッコミを入《い》れまくるだけ！

ジェラードン

ハイブリッド系《けい》

角刈《かくが》りガール

しゅうじとえりなの2人《ふたり》はお隣《となり》同士《どうし》の幼《おさな》なじみ。えりなの自転車《じてんしゃ》をしゅうじが乗《の》っていってしまったため、遅刻《ちこく》してしまったえりなはプンプンだ！

2008年結成《ねんけっせい》。本来《ほんらい》はツッコミ・海野裕二《うみのゆうじ》を入《い》れたトリオだが、現在《げんざい》は2人《ふたり》で活動中《かつどうちゅう》。どのコントでも2人《ふたり》の強烈《きょうれつ》すぎるキャラクターが炸裂《さくれつ》する！

料亭《りょうてい》 カゲヤマ リアル系《けい》

仕事《しごと》で大《だい》チョンボをして、取引先《とりひきさき》の社長《しゃちょう》を怒《おこ》らせてしまった小林《こばやし》。先輩《せんぱい》の益田《ますだ》が社《しゃ》長《ちょう》に謝《あやま》りに行《い》ってくれることに。しかし、ふすまの奥《おく》に入《はい》るや、聞《き》こえてきたのは「申《もう》し訳《わけ》ございませんでした!」という先輩《せんぱい》の声《こえ》。たまらず小林《こばやし》がふすまをあけると…

2009年《ねん》デビュー。益田《ますだ》は一見普通《いっけんふつう》の人《ひと》だけど実《じつ》は変《へん》な人《ひと》を演《えん》じさせるとピカイチだ! 「キモすぎ」と言《い》われる相方《あいかた》・タバやん。が普通《ふつう》に見《み》えることも!?

道《ど》具《ぐ》でリアリティを増《ま》そう

大道具《おおどうぐ》はコントに「リアリティ」を与《あた》える重要《じゅうよう》なものだ。だからこそ、コントの設定《せってい》に合《あ》ったものが必要《ひつよう》になるぞ。適当《てきとう》に揃《そろ》えると、逆《ぎゃく》に変《へん》な感《かん》じになってしまうこともあるよ。

スーツを着《き》た人《ひと》が座《すわ》るのはどっち?

机《つくえ》にも種類《しゅるい》がある。スーツを着《き》ている人《ひと》が学習机《がくしゅうづくえ》に座《すわ》っていたらちょっとおかしく見《み》えませんか? 役柄《やくがら》にあった大道具《おおどうぐ》を揃《そろ》えることでリアリティがでるのだ!

細《こま》かい小道具《こどうぐ》も必要《ひつよう》だ

ネルソンズのコント「結婚式《けっこんしき》」の衣装《いしょう》をより引《ひ》き立《た》たせているのが小道《こどう》具《ぐ》だ。何気《なにげ》ないものでも、あると無《な》いとでは雰囲気《ふんいき》が全然《ぜんぜん》変《か》わってくるぞ。

新婦《しんぶ》さんのネックレス

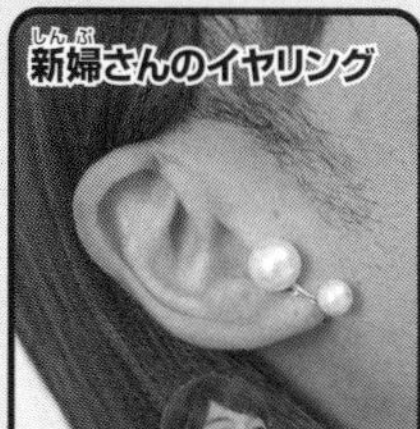

新婦《しんぶ》さんのイヤリング

スーツを着《き》るだけではなく、花《はな》があることによって、「おめでたい」ということが伝《つた》わるぞ。

小《こ》道《どう》具《ぐ》を揃《そろ》えよう！

コント設定《せってい》が「レストラン」なら食器《しょっき》、「学校《がっこう》」なら文房具《ぶんぼうぐ》など、家《いえ》や学校《がっこう》にあるものを使《つか》えばOK《オーケー》だけれども、コントの設定《せってい》がちょっと変《か》わったものになると、なかなか小道具《こどうぐ》が揃《そろ》えづらくなるんだ。だからコント師《し》さんの中《なか》には自分《じぶん》で道具《どうぐ》を作成《さくせい》してしまう人《ひと》もいるぞ！

竜魔王《りゅうまおう》・バルバトス、参謀《さんぼう》・ギースの衣装《いしょう》はすべて自作《じさく》。このバルバトスの尻尾《しっぽ》は、切《き》られた後《あと》にトカゲのしっぽのように動《うご》くのだ！タバやん。がリモコンで動《うご》かせるように自分《じぶん》で制作《せいさく》したんだぞ！

カゲヤマの場合《ばあい》

自分《じぶん》で作《つく》る！

「竜魔王《りゅうまおう》」コント

竜魔王《りゅうまおう》・バルバトスが大軍《たいぐん》を率《ひき》いて人類滅亡《じんるいめつぼう》を目論《もくろ》む！いざ、進軍開始《しんぐんかいし》の時《とき》、参謀《さんぼう》・ギースがバルバトスの尻尾《しっぽ》を踏《ふ》んでしまう…

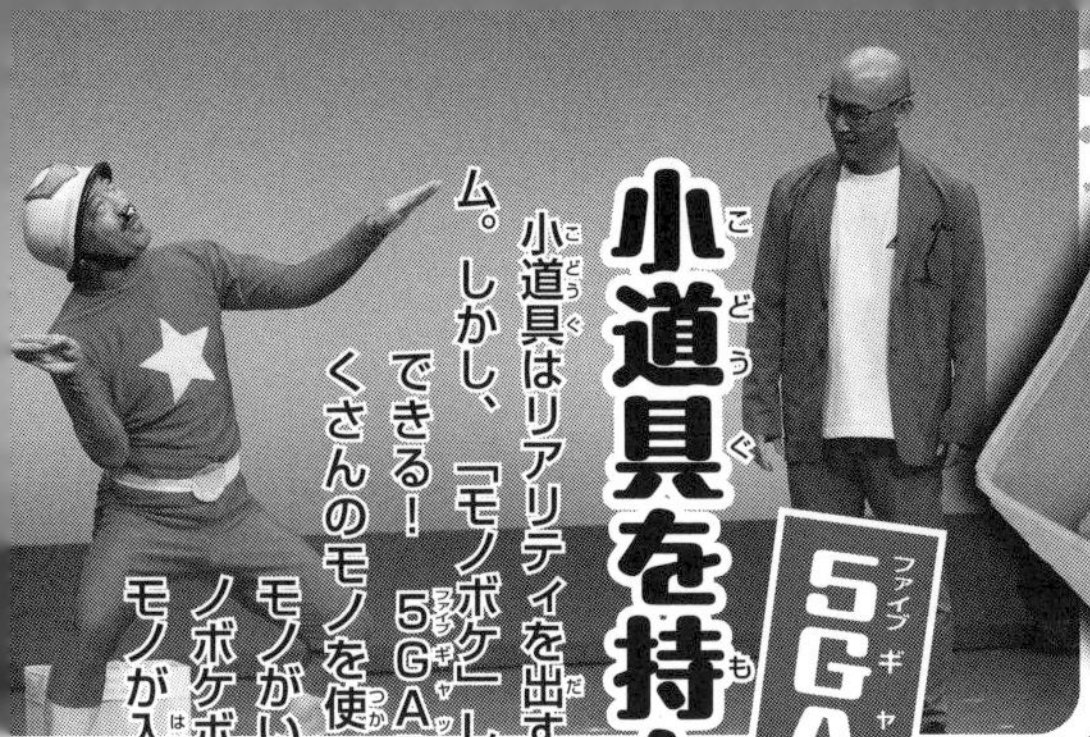

小道具《こどうぐ》を持《も》ち歩《ある》く！

5GAP《ファイブギャップ》の場合《ばあい》

小道具《こどうぐ》はリアリティを出《だ》すために必要《ひつよう》なアイテム。しかし、「モノボケ」して笑《わら》いを生《う》むこともできる！　5GAP《ファイブギャップ》はコント中《ちゅう》に、たくさんのモノを使《つか》ってボケまくるぞ！　モノがいっぱい入《はい》っているモノボケボックスには、どんなモノが入《はい》っているかな？

モノボケボックス

「ホワイト赤《あか》マン」のネタでは、ネタにボックスまで持《も》ち込《こ》んじゃう！　「ホワイト赤《あか》マン」のコントにストーリーはなく、小道具《こどうぐ》を使用《しよう》したギャグの串刺《くしざ》しでできているぞ！

めっちゃ小《ちい》さい畳《たたみ》

ベル

顔出《かおだ》しパッド

ホイッスル

ひょっとこお面《めん》

サンプル寿司《すし》

顔出《かおだ》しトランプ

けん玉《だま》が立《た》った!?

キャラが変《か》わる!!

5GAP《ファイブギャップ》

ターへのなりきり感《かん》が断然《だんぜん》にアップするよ。

ホワイト赤《あか》マン

街《まち》の平和《へいわ》を勝手《かって》に守《まも》るヘンテコヒーロー・ホワイト赤《あか》マン。赤《あか》の全身《ぜんしん》タイツとヘルメットが「ヒーローらしさ」を出《だ》している。クボケンのギャグキャラクターを引《ひ》き立《た》たせるため、トモの衣装《いしょう》は極《きわ》めてシンプルだ。

ハイジャック

トモがハイジャックした飛行機《ひこうき》のパイロットは10年《ねん》ぶりのハワイ行《い》きだったために浮《う》かれまくり! 出発《しゅっぱつ》前《まえ》から水着《みずぎ》を着《き》ていることで、このパイロットのはしゃぎっぷりがよくわかる。

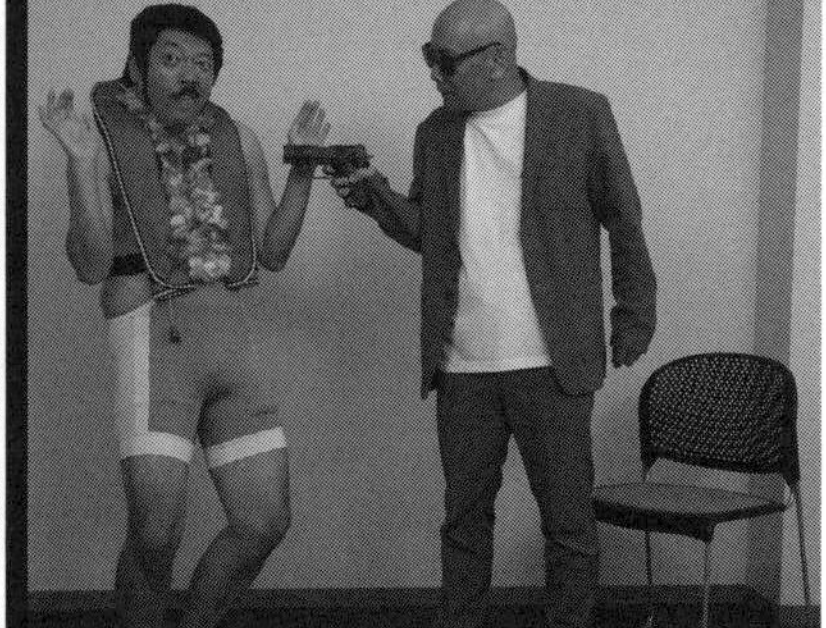

マッスルスティック

トレーニング用品《ようひん》「マッスルスティック」のインストラクター・プロテイン久保田《くぼた》。タンクトップとスパッツを着用《ちゃくよう》しているが、見《み》た目《め》からだらしないのがよくわかる。

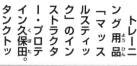

衣《い》装《しょう》しだいでこんなに

コントは衣装《いしょう》を着《き》ることによって、キャラク

サラリーマン

今日《きょう》も仕事《しごと》で大《だい》チョンボをして、岸《きし》課長《かちょう》から怒《おこ》られる和田《わだ》。みかねた青山《あおやま》が仲裁《ちゅうさい》に入《はい》る。部下役《ぶかやく》の青山《あおやま》と和田《わだ》がワイシャツだけなのに対《たい》して、上司《じょうし》らしさを出《だ》すために岸《きし》だけがスーツを着《き》ているところがポイントだ。

花《はな》火《び》大《たい》会《かい》

法被《はっぴ》を着《き》るだけで、青山《あおやま》が大会《たいかい》の関係《かんけい》者《しゃ》だということがわかる。和田《わだ》はシャツをあえてズボンに入《い》れてることで、おじさん感《かん》をより出《だ》している。岸《きし》は普通《ふつう》の服装《ふくそう》だからこそ、おじさんの異常《いじょう》さを引《ひ》き立《た》たせることができる。

結《けっ》婚《こん》式《しき》

トモヒロの結婚式《けっこんしき》に、元《もと》彼《かれ》が花嫁《はなよめ》を奪《うば》いに現《あらわ》れる。新郎役《しんろうやく》・和田《わだ》はスーツで花《はな》嫁役《よめやく》・岸《きし》はドレスと晴《は》れ姿《すがた》。それに対《たい》して私服《しふく》でやってくるだけで元彼《もとかれ》・青山《あおやま》の「自由奔放《じゆうほんぽう》さ」を演出《えんしゅつ》することができる。

キャラクターを演《えん》じ分《わ》ける!!

演《えん》じる役柄《やくがら》によって、立《た》ち方《かた》、座《すわ》り方《かた》を少《すこ》し変《か》えただけでも印象《いんしょう》がとても変《か》わります!

和田《わだ》まんじゅう

和田《わだ》まんじゅう

なさけないおじさん

「おどおど感《かん》」を出《だ》すためにいつもは猫背《ねこぜ》。「結婚《けっこん》式《しき》」は晴《は》れ姿《すがた》なので背筋《せすじ》をシャンと伸《の》ばしている。

岸健之助《きしけんのすけ》

青山《あおやま》フォール勝《が》ち

タバやん。

かみちぃ

イケメンのお兄《にい》さん

「デート」コントの彼氏役《かれしやく》の役《やく》づくりも芸人《げいにん》さんそれぞれ。誰《だれ》がどんな性格《せいかく》か、なんとなくわかりませんか?

男性《だんせい》が女性《じょせい》を演《えん》じてみる

女性役《じょせいやく》をやるには女性《じょせい》からの共感《きょうかん》が必要《ひつよう》。役柄《やくがら》に応《おう》じて演《えん》じ分《わ》けることが大事《だいじ》だ！

岸健之助《きしけんのすけ》

益田康平《ますだこうへい》

かみちぃ

かみちぃ

アタック西本《にしもと》

角《かく》刈《が》りガール！

アタック西本《にしもと》

かみちぃ

赤《あか》ちゃん

デカいのに座《すわ》り方《かた》と表情《ひょうじょう》で赤《あか》ちゃんに見《み》える！

ヘンなおじさん

和田《わだ》まんじゅうのおじさんと、アタック西本《にしもと》のおじさん。会《あ》いたくないのはどっち？

和田《わだ》まんじゅう

アタック西本《にしもと》

ハーモニカ縦《たて》吹《ふ》きおじさん！

和田《わだ》まんじゅう

感情《かんじょう》をみよう！

だけではなく「顔《かお》の表《ひょう》
も大事《だいじ》。ジェラードン・
ンズ・和田《わだ》まんじゅう
った。キミも鏡《かがみ》の前《まえ》で
ってみよう！

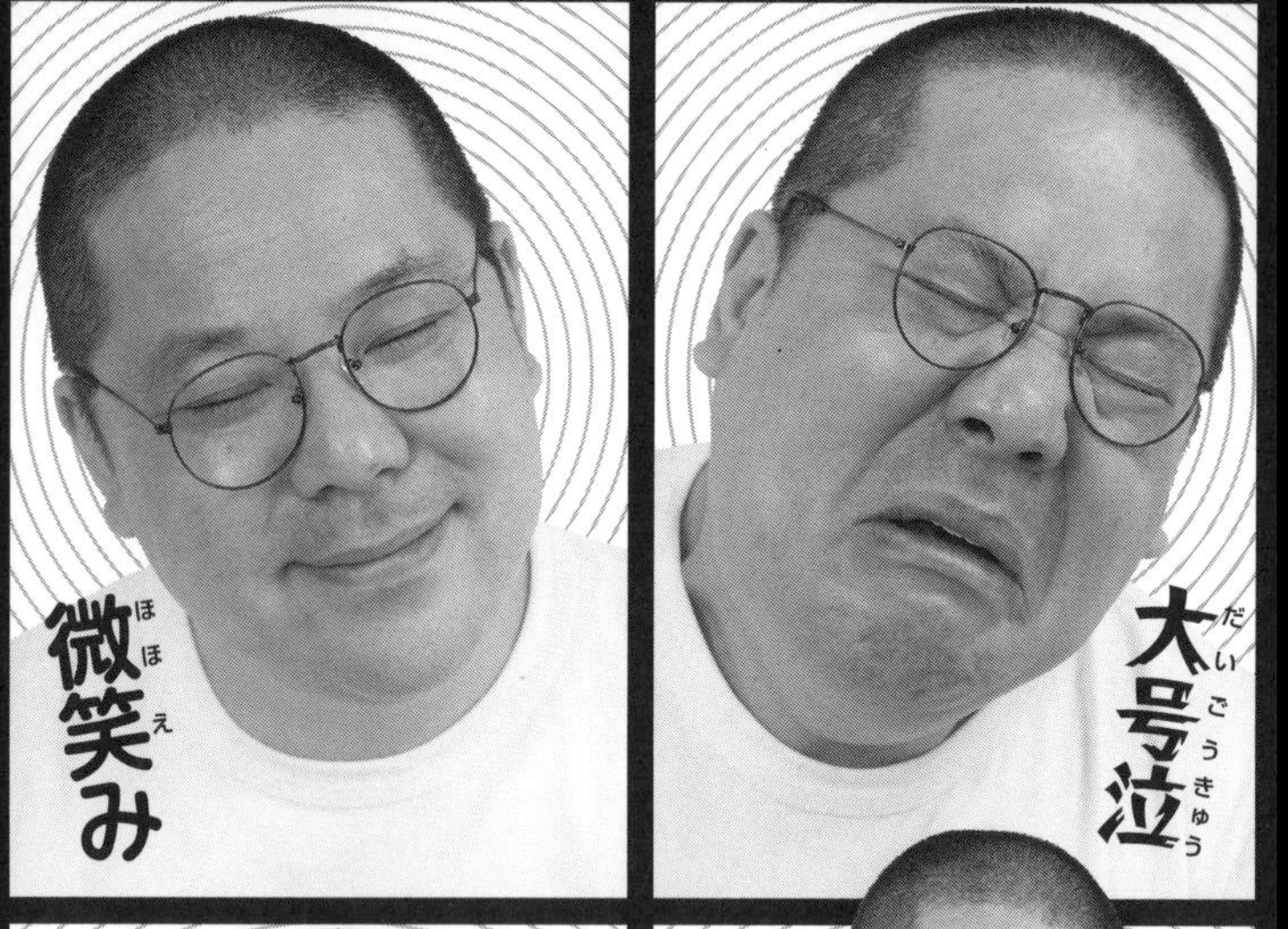
微笑《ほほえ》み
大号泣《だいごうきゅう》

ビックリ
さびしい
痛《いた》い
ガチギレ
大《だい》ショック
メチャクチャ楽《たの》しい

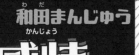

アタック西本《にしもと》

表情《ひょうじょう》であらわして

身《み》ぶり手《て》ぶりの演技《えんぎ》
情《じょう》」を作《つく》ることもとて
アタック西本《にしもと》とネルソ
の2人《ふたり》に実演《じつえん》してもら
いろいろと表情《ひょうじょう》をつく

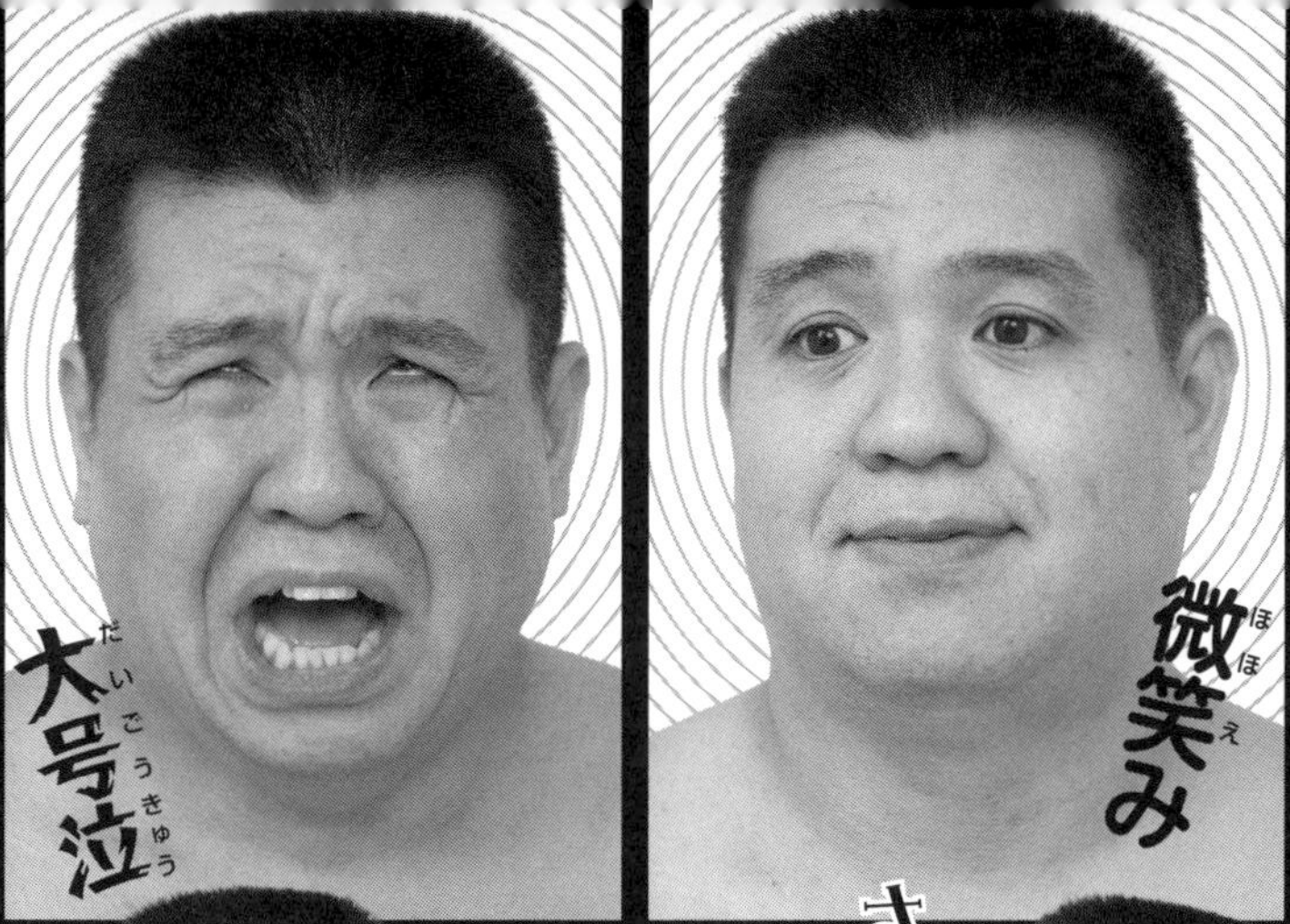

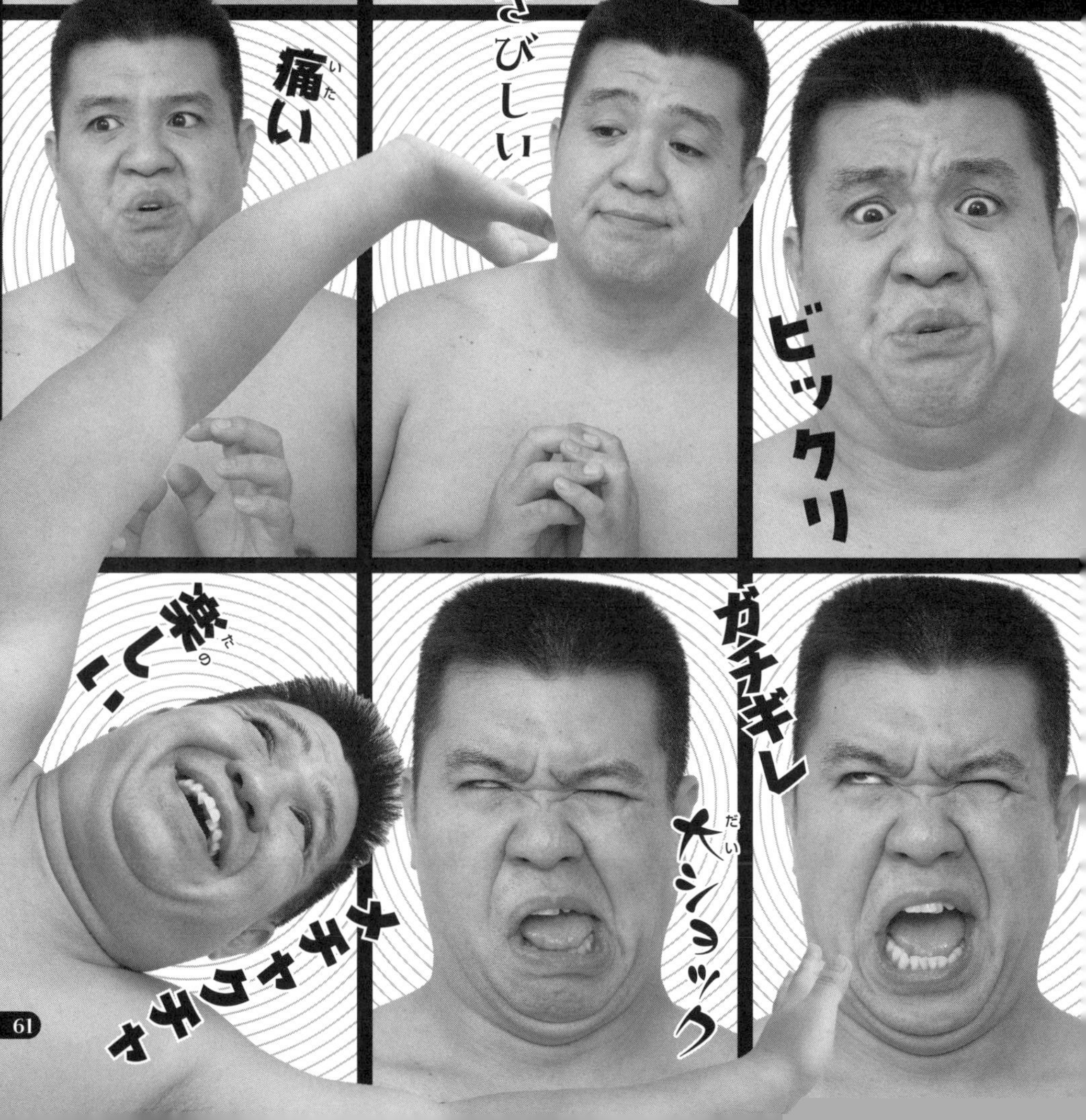

劇場大図解《げきじょうだいずかい》！

舞台用語完全辞典《ぶたいようごかんぜんじてん》

劇場《げきじょう》には舞台《ぶたい》の「専門《せんもん》用語《ようご》」がたくさんあるよ！

1 上手《かみて》
客席《きゃくせき》から見《み》ると右側《みぎがわ》が上手《かみて》です。

2 下手《しもて》
客席《きゃくせき》から見《み》ると左側《ひだりがわ》が下手《しもて》です。

3 舞台袖《ぶたいそで》
次《つぎ》の出番《でばん》の芸人《げいにん》さんが待機《たいき》している。

イリ：舞台《ぶたい》に登場《とうじょう》すること。

ハケ：ネタやコーナーなど、自分《じぶん》の出番《でばん》が終《お》わって舞台《ぶたい》から去《さ》ること。

導線《どうせん》：舞台《ぶたい》からどのように出《で》たりハケたりするかということ。

舞台袖《ぶたいそで》

バミリ

4 バミリ
コントで使《つか》う大道具《おおどうぐ》や、マイクを置《お》くところにつける印《しるし》のこと。

5 マイク
芸人《げいにん》さんの声《こえ》をひろう機械《きかい》のこと。いろいろな種類《しゅるい》があるぞ。

サンパチマイク
漫才《まんざい》の時《とき》に使用《しよう》するスタンド型《がた》のマイク。

フットマイク
舞台上《ぶたいじょう》にあるマイク。舞台《ぶたい》の音声《おんせい》をひろう。

ガンマイク
舞台《ぶたい》の下《した》や上《うえ》にあるマイク。

※他《ほか》にも芸人《げいにん》さんの衣装《いしょう》に直接《ちょくせつ》つける「ピンマイク」があるよ。

6 照明《しょうめい》

舞台《ぶたい》を照《て》らす照明器具《しょうめいきぐ》。

明転《めいてん》：照明《しょうめい》をつけること。

暗転《あんてん》：照明《しょうめい》を消《け》すこと。

サス：舞台《ぶたい》の上《うえ》から決《き》まった場所《ばしょ》だけを照《しょう》明《めい》で照《て》らすこと。

ピンスポ：舞台《ぶたい》の前方《ぜんぽう》から誰《だれ》かに照明《しょうめい》を当《あ》てること。ピンスポットライトの略《りゃく》。

あおり：漫才師《まんざいし》が登場《とうじょう》する時《とき》に照明《しょうめい》を点滅《てんめつ》させること。

7 スピーカー

ライブ中《ちゅう》の音声《おんせい》などを流《なが》す。

でばやし：芸人《げいにん》さんが登場《とうじょう》する時《とき》に使用《しよう》する音楽《おんがく》。自分《じぶん》の好《す》きな曲《きょく》で登場《とうじょう》する芸人《げいにん》さんも多《おお》いぞ。

効果音《こうかおん》：雨《あめ》などの自然音《しぜんおん》、家《いえ》のチャイムのような家庭《かてい》の音《おと》など、演出《えんしゅつ》として使用《しよう》する音《おと》のこと。

BGM《ビージーエム》：バックグラウンドミュージックの略称《りゃくしょう》。劇的《げきてき》なシーンに効果《こうか》をもたらす。

ラグビー！

友情《ゆうじょう》、努力《どりょく》、勝利《しょうり》…

大道具《おおどうぐ》・小道具《こどうぐ》

コントでよりリアリティを出《だ》すために実際《じっさい》に道具《どうぐ》を使《つか》います。椅子《いす》、テーブル、タンスのような家具《かぐ》などは大道具《おおどうぐ》、食器《しょっき》や文房具《ぶんぼうぐ》などは小道具《こどうぐ》と呼《よ》びます。小道具《こどうぐ》でも食《た》べ物《もの》は「消《き》え物《もの》」と呼《よ》びます。道《どう》具《ぐ》を出《だ》したりハケたりすることを「舞台転換《ぶたいてんかん》」と言《い》います。

お笑《わら》い講座《こうざ》

ピン芸人《げいにん》

キャラクター豊《ゆた》かな個性派集団《こせいはしゅうだん》！

「コンビ」「トリオ」を組《く》むには、お互《たが》いのお笑《わら》いのツボが一緒《いっしょ》だったり、目《め》指《ざ》す方向《ほうこう》が一緒《いっしょ》だったりすることが必《ひつ》要《よう》になります。それを合《あ》わせるために、いろいろと話《はな》し合《あ》いをしたり、時《とき》にはケンカをすることも出《で》てきます。場合《ばあい》によっては「解散《かいさん》」してしまうこともあります。ピン芸人《げいにん》になる人《ひと》は、そのような束縛《そくばく》がありません。自分一人《じぶんひとり》で自由《じゆう》にやっているので、キャラクター性《せい》の強《つよ》い人《ひと》がとても多《おお》いのが特徴《とくちょう》です。1人《ひとり》でやっているので、インパクトが必要《ひつよう》となります。耳《みみ》に残《のこ》る「フレーズ」を持《も》っている人《ひと》が多《おお》いです。どんな言葉《ことば》を持《も》っているかな？

モノマネ

好《す》きなタレントさんや好《す》きなアニメキャラクターのセリフとかを言《い》ったことはありますか？ それだけでもモノマネの第一歩《だいいっぽ》です！ 「モノマネ」と「コスプレ」は違《ちが》います。コスプレ（コスチュームプレイ）は見《み》た目《め》の再現《さいげん》にこだわり、かっこよさ、かわいさを追求《ついきゅう》します。一方《いっぽう》、モノマネはキャラクターの特徴《とくちょう》を捉《とら》えてしゃべったり、歌《うた》ったり、「お笑《わら》い」にすることが大事《だいじ》です！

誰《だれ》も知《し》らないモノマネをするには!?

英語《えいご》の発音《はつおん》が良《よ》すぎて、子供《こども》をあやすように見《み》える戸田《とだ》レフリー!

有名人《ゆうめいじん》ではなく、身近《みぢか》なおもしろい人《ひと》のモノマネをやるにはどうすればいい?「ふり」をつくれば問題《もんだい》なしだ。しんやの「ラグビーモノマネ」は、最初《さいしょ》に「普通《ふつう》のレフリー」をやってから、モノマネする人《ひと》との違《ちが》いを見《み》せるぞ。

イチキップリンのモノマネレパートリー 誰《だれ》のモノマネはわかるかな?

キャラクターネタ

なにかのキャラにふんして、「決《き》めフレーズ」で笑《わら》いをとる。イチキップリンは自称《じしょう》「6億《おく》のキャラネタ」を持《も》っているぞ!! その一部《いちぶ》を紹介《しょうかい》しよう!

スペースコングラッチュレーションコング

めでたいことを祝《いわ》うコング〜！
でっかい鼻《はな》くそとれておめでと〜！

コングラッチュレーションコング

めでたいことを祝《いわ》うコング〜！
誕生日《たんじょうび》おめでと〜！

通称《つうしょう》「CK《シーケー》」。めでたいことを祝《いわ》ってくれるコングだ。宇宙《うちゅう》には「スペースコングラッチュレーションコング」もいるぞ！

イチキップリン

豚顔《ぶたがお》とん吉《きち》

世《よ》の中《なか》に対《たい》してたくさん文句《もんく》を
つけたい男《おとこ》だ。でも、豚顔《ぶたがお》のため
に興奮《こうふん》すると言《い》っていることが「ブ
ーブー！」となってしまい、肝心《かんじん》な
ところがまったく聞《き》き取《と》れないぞ！

税金《ぜいきん》が高《たか》すぎる！
オレにも一言《ひとこと》言《い》わせれくれー！
ブーブーブー！

謎《なぞ》男《おとこ》のパートナー
ナゾダゾウ

謎《なぞ》男《おとこ》

謎《なぞ》男《おとこ》だぞ〜〜謎《なぞ》男《おとこ》だぞ〜〜
オレの身長《しんちょう》は…172ヘクトパスカル！

たくさんの謎《なぞ》を持《も》っている
謎《なぞ》だらけの男《おとこ》だ！ たくさん
の謎《なぞ》だけを残《のこ》して、どこかへ
行《い》ってしまうぞ！

謎《なぞ》男《おとこ》だぞ〜〜謎《なぞ》男《おとこ》だぞ〜〜
謎《なぞ》男《おとこ》は、本当《ほんとう》は女《おんな》だ！

すごいやつ
すっごいやつが来《き》た！

琵琶湖《びわこ》の水《みず》を飲《の》み干《ほ》した！

すっごいやつが来《き》た！

富士山《ふじさん》を3歩《ぽ》で登《のぼ》った！

誰《だれ》もが思《おも》いつかないようなすごいことをするやつだ！

ずんずん！ずんずん！

ずんずん！ずんずん！

ズンズンマン
左右《さゆう》に大《おお》きく手《て》をふりながら「ずんずんずん」とただただ前《まえ》に迫《せま》ってくる！ただそれだけのやつだ！

OWARAIGEININ OWARAIGEININ OWARAIGEININ OWARAIGEININ

ゲリラゴリラ
自分《じぶん》の名前《なまえ》を連呼《れんこ》しながら、突然《とつぜん》現《あらわ》れるのがゲリラゴリラだ！　ゲリラ豪雨《ごうう》よりも突然《とつぜん》に現《あらわ》れるやっかいなやつだ！
ゲリラゴリラゲリラ
ゴリラゲリラゴリラだ！
大《おお》ウソかわうそ
卵《たまご》をわったらアメリカ大統領《だいとうりょう》が出《で》てきたぞ〜
とんでもない大《おお》ウソをつくカワウソだ！　大《おお》ウソすぎて信《しん》じる人《ひと》は誰《だれ》もいないから、人《ひと》にはまったく害《がい》が無《な》いぞ！
たんこぶがさね俊平《しゅんぺい》
いててててて〜〜っ！
また同《おな》じところに頭《あたま》をぶつけちゃったよ〜〜っ
壁《かべ》があるとすぐに頭《あたま》をぶつけてしまうドジなやつだ！　たんこぶの上《うえ》にたんこぶをつくっちゃうぞ！

職業癖《しょくぎょうぐせ》
「飲食店《いんしょくてん》でバイトしているとお客《きゃく》さんとして入《はい》ったのに、「いらっしゃいませ〜」ってつられていっちゃう。ありますよね〜
おすもうさん
おすもうさんは料理《りょうり》している時《とき》、塩《しお》をまいちゃう。ありますよね〜
スーパーのレジ店員《てんいん》
スーパーのレジ店員《てんいん》は。バーコードっぽいものを見《み》ると読《よ》み取《と》っちゃう。ありますよね〜
がっかりしている子《こ》の表情《ひょうじょう》も読《よ》み取《と》っちゃう。
消防士《しょうぼうし》
誕生日《たんじょうび》おめでとうってお祝《いわ》いしてもらってる時《とき》も消火《しょうか》しちゃう。ありますよね〜
ありますよね〜
こうめ

ピン芸人《げいにん》さんに多《おお》いのが「フリップ芸《げい》」だ。「フリップ芸《げい》」とは言葉《ことば》や絵《え》をフリップにかきこんで見《み》せていく芸《げい》のこと。ひぐちこうめもフリップ芸《げい》をする女性芸人《じょせいげいにん》。彼女《かのじょ》のネタを1本《ぽん》まるまるお見《み》せしちゃいましょう！

フリップ芸《げい》 ひぐち

ピン芸人《げいにん》はキャラクターの宝石箱《ほうせきばこ》だ！

ピン芸人《げいにん》をやっている人《ひと》は強烈《きょうれつ》な個性《こせい》の持《も》ち主《ぬし》です。個性《こせい》が強《つよ》すぎると敬遠《けいえん》されることもあります。とても個性的《こせいてき》なのに愛《あい》されるキャラクターを持《も》つ２人《ふたり》を紹介《しょうかい》しましょう！

おばあちゃん

おばあちゃんは70歳《さい》を超《こ》えてから芸人《げいにん》を始《はじ》めた「若手芸人《わかてげいにん》」。自分《じぶん》よりも50歳以上《さいいじょう》も歳《とし》の離《はな》れた若手《わかて》たちに負《ま》けじと、毎日大奮闘《まいにちだいふんとう》。老人《ろうじん》ならではのエピソードをシルバー漫談《まんだん》にしている。おばあちゃんと同世代《どうせだい》の人《ひと》から支持《しじ》が熱《あつ》いぞ！

繰り返す同じ話で電池切れ
手渡した終活ノートメモ帳に
我が家には金目の物は何もない
ボケました？いいえ私はボケてない

短冊《たんざく》に川柳《せんりゅう》も自分《じぶん》で書《か》いている。達筆《たっぴつ》！

明日《あす》も元気《げんき》で過《す》ごせますように…

ぼあき。

元男《もとおとこ》の子《こ》の女《おんな》の子芸人《こげいにん》。見《み》た目《め》はかわいいけれど、柔道《じゅうどう》の猛者《もさ》だぞ。自分《じぶん》が体験《たいけん》してきたとても特殊《とくしゅ》すぎる経験《けいけん》の漫談《まんだん》や、「シリコリン」というキャラクターネタなど、たくさんのネタのパターンを持《も》っているぞ！

シリコリン

元男子

お笑《わら》い用《よう》語《ご》大《だい》辞《じ》泉《せん》

芸人《げいにん》さんたちが舞台《ぶたい》や楽屋《がくや》で使《つか》っている言葉《ことば》には独特《どくとく》の言《い》い回《まわ》しがたくさんあるぞ。いろいろと覚《おぼ》えて、芸人《げいにん》さんを気取《きど》って使《つか》ってみよう！

▼相方 あいかた

主《おも》にコンビが自分《じぶん》のパートナーを指《さ》して言《い》う言葉《ことば》。トリオ以上《いじょう》になる場合《ばあい》はあまり使《つか》わない。

▼あたためる

前説《まえせつ》や出番《でばん》1番手《ばんて》の芸人《げいにん》が、お客《きゃく》さんをよく笑《わら》う状態《じょうたい》にすること。「お客《きゃく》さんをあたためる」という使《つか》い方《かた》をする。

▼あったかい

お客《きゃく》さんがよく笑《わら》ってくれること。「今日《きょう》のお客《きゃく》さんはあったかいな」という使《つか》い方《かた》をする。対義語《たいぎご》・「重《おも》い」

▼アテレコ

主《おも》に漫才《まんざい》のテクニックの一《ひと》つ。1人《ひとり》が無音《むおん》でマイムだけしているところに、1人《ひとり》が声《こえ》を当《あ》てること。動《うご》きとまったく違《ちが》う声《こえ》を当《あ》てることで笑《わら》いが生《う》まれる。

▼アドレナリン

興奮《こうふん》することで分泌《ぶんぴつ》が高《たか》まる神経伝達物《しんけいでんたつぶっ》質《しつ》。笑《わら》いをとって興奮《こうふん》する時《とき》に「アドレナリンが出《で》る」という使《つか》い方《かた》をする。

▼アマチュア芸人 あまちゅあげいにん

プロではない芸人《げいにん》。職業《しょくぎょう》としてではなく、趣味《しゅみ》や愛好家《あいこうか》として芸人《げいにん》をする人《ひと》。

▼「ありがとうございました」

ネタが終《お》わった後《あと》に、見《み》てもらったお客《きゃく》さまに対《たい》して礼儀《れいぎ》として言《い》う言葉《ことば》。漫才《まんざい》の最後《さいご》には必《かなら》ず言《い》う。コントの場合《ばあい》、お芝居《しばい》的《てき》なネタはキッカケセリフで終《お》わることもあるが、「ありがとうございました」を言《い》い終《お》えて終《お》わるコントもある。

▼イキリ

関西《かんさい》の言葉《ことば》。「調子《ちょうし》にのってる」さまに使《つか》う言葉《ことば》。「あいつ、イキってんなあ〜」など、ネガティブ表現《ひょうげん》に使《つか》うことが多《おお》い。

▼医者オチ いしゃおち

医者《いしゃ》と患者《かんじゃ》のネタで、医者《いしゃ》が散々《さんざん》ボケた診察《しんさつ》をした後《あと》に「先生《せんせい》呼《よ》んできます！」「オマエ誰《だれ》だったんだよ！」で終《お》わるパターンのネタ。なんでもありになってしまうため、プロの芸人《げいにん》がやると恥《は》ずかしいネタの一《ひと》つ。

▼衣装 いしょう

漫才《まんざい》ならスーツがダントツに多《おお》い。コントの場合《ばあい》は「医者《いしゃ》」なら白衣《はくい》、「時代劇《じだいげき》」なら着物《きもの》と、その設定《せってい》にあった服装《ふくそう》を準備《じゅんび》する。

▼板 いた

舞台《ぶたい》のこと。

▼痛い いたい

自分《じぶん》の笑《わら》いを押《お》しつけてきたり、平場《ひらば》で流《なが》れを無視《むし》して、自分《じぶん》だけが笑《わら》いをとるような振《ふ》る舞《ま》いをしたりする人《ひと》のこと。

▼板付　いたつき

舞台用語《ぶたいようご》で、幕《まく》が開《あ》いた時《とき》や照明《しょうめい》が明転《めいてん》した時《とき》に、登場人物《とうじょうじんぶつ》がすでに舞台上《ぶたいじょう》にいる状態《じょうたい》のこと。

▼一見さん　いちげんさん

初《はじ》めて来《き》たお客《きゃく》さんのこと。

▼一発屋　いっぱつや

主《おも》に独自《どくじ》のギャグフレーズを持《も》った芸人《げいにん》が大人気《だいにんき》となるものの、一時《いっとき》だけの人気《にんき》で終《お》わってしまった時《とき》に使《つか》う言葉《ことば》。最初《さいしょ》は「蔑称《べっしょう》」として使用《しよう》されてきた言葉《ことば》だったが、一発屋《いちばつや》にもなれない芸人《げいにん》が増《ふ》えたため、一度《いちど》でも売《う》れたことがある芸人《げいにん》として尊敬《そんけい》の目《め》を向《む》けられるようになってきている。

▼裏まわし　うらまわし

MC《エムシー》が知《し》らないことや手《て》の回《まわ》らないことを、さりげなくアシストすること。アシスタントはもちろんのこと、雛壇《ひなだん》やガヤの中《なか》にも能力《のうりょく》を見《み》せる人《ひと》がいる。バラエティー番組《ばんぐみ》ではとても重宝《ちょうほう》される存在《そんざい》。

▼裏笑い　うらわらい

「笑《わら》わせる」ではなく「笑《わら》われる」と解釈《かいしゃく》する向《む》きもあるが、空回《からまわ》りするタイプの芸《げい》人《にん》を、あえてスべらせて笑《わら》いにしてあげること。スべらせる側《がわ》の手腕《しゅわん》と愛情《あいじょう》がとてもあるのだが、スべっている本人《ほんにん》に伝《つた》わっていない場合《ばあい》がある。

▼MC　エムシー

master《マスター》 of《オブ》 ceremony《セレモニー》の略称《りゃくしょう》。司会者《しかいしゃ》のこと。何人《なんにん》もの出演者《しゅつえんしゃ》をぶん回《まわ》すMC《エムシー》は卓越《たくえつ》した能力《のうりょく》を持《も》っている。

▼大喜利　おおぎり

お題《だい》に対《たい》して、おもしろい回答《かいとう》を答《こた》える催《もよお》しもののこと。お笑《わら》いライブでは、誰《だれ》が一番《いちばん》おもしろい回答《かいとう》を出《だ》せるか競《きそ》うお笑《わら》い競技《きょうぎ》としても定着《ていちゃく》している。

▼おかん・おとん

関西弁《かんさいべん》。おかんは「お母《かあ》さん」、おとんは「お父《とう》さん」のこと。関西弁《かんさいべん》が浸透《しんとう》したため、全国的《ぜんこくてき》にも使《つか》われるようになったというものの、関西圏《かんさいけん》以外《いがい》の人《ひと》が使《つか》うと違和《いわ》感《かん》がある。

▼置きに行く　おきにいく

無難《ぶなん》な笑《わら》いをとりに行《い》くこと。

▼おバカ

あまり勉強《べんきょう》ができない人《ひと》のこと。

▼おはようございます

芸人《げいにん》の基本挨拶《きほんあいさつ》。昼《ひる》でも夜《よる》でも「おはようございます」を使《つか》う。

▼おとぼけ

わざと知《し》らないふりをすること。「ボケ」役《やく》の語源《ごげん》でもある。

▼重い・重たい　おもい・おもたい

お客《きゃく》さんがあまり笑《わら》ってくれない時《とき》に使《つか》う。「今日《きょう》のお客《きゃく》さん重《おも》たいぞ」など。対義語《たいぎご》・「あったかい」

▼お約束　おやくそく

もちギャグを持《も》っている芸人《げいにん》や、一定《いってい》のおなじみメンバーが集《あつ》まった時《とき》〈くだり〉や集団芸《しゅうだんげい》が発動《はつどう》すること。オチがわかっていてもおもしろい。

▼かえし

フリートークなどで、話《はなし》をふられたときに答《こた》えること。反応《はんのう》が早《はや》い人《ひと》は「あいつはかえしが早《はや》い」などと使《つか》う。

▼かかる

平場《ひらば》で、無敵状態《むてきじょうたい》になり、笑《わら》いをとり続《つづ》けること。お笑《わら》いにおける「ゾーン状態《じょうたい》」。空回《からまわ》りすることを指《さ》す場合《ばあい》もあるが、近年《きんねん》はいい意味合《いみあ》いで使《つか》われることの方《ほう》が多《おお》い。

▼学生《がくせい》お笑《わら》い　がくせいおわらい

学生《がくせい》のお笑《わら》いサークルのこと。主《おも》に関東《かんとう》の大学《だいがく》に多《おお》い。学生主催《がくせいしゅさい》でライブを行《おこな》い、卒《そつ》業後《ぎょうご》にプロを目指《めざ》す学生《がくせい》も多《おお》い。ここ数年《すうねん》のお笑《わら》い界《かい》では一大勢力《いちだいせいりょく》になっている。

▼楽屋　がくや

テレビ局《きょく》や劇場《げきじょう》など、出番《でばん》が来《く》るまでの出演者《しゅつえんしゃ》の控《ひか》え室《しつ》のこと。

▼楽屋オチ　がくやおち

芸人《げいにん》しか笑《わら》わない身内《みうち》の笑《わら》い。

▼楽屋芸　がくやげい

楽屋《がくや》では芸人仲間《げいにんなかま》からは絶賛《ぜっさん》されるネタ。舞台《ぶたい》にかけるとお客《きゃく》さんがまったく笑《わら》わないことも多々《たた》ある。しかし、芸人《げいにん》の間《あいだ》で噂《うわさ》が噂《うわさ》を呼《よ》んでいくと、いつの日《ひ》かお客《きゃく》さんにも大爆笑《だいばくしょう》をとるネタに変《か》わる可能性《かのうせい》もある！

▼ガチ

「本気《ほんき》」「真剣《しんけん》」なこと。やらせがないこと。

▼がなり

大声《おおごえ》をはること。

▼かぶせ

笑《わら》いのテクニックの一《ひと》つ。平場《ひらば》などで誰《だれ》かがウケた後《あと》に、同系統《どうけいとう》の笑《わら》いでかぶせて、笑《わら》いをとっていく手法《しゅほう》。

▼かぶる

漫才《まんざい》ではしゃべくりのテンポがズレてしまって、言葉《ことば》が重《かさ》なってしまい、お客《きゃく》さんが聞《き》き取《と》れない時《とき》に使《つか》う言葉《ことば》。また誰《だれ》かとネタのテーマやボケが同《おな》じになってしまった時《とき》にも「ネタがかぶった」「ボケがかぶった」と使《つか》う。「ネタかぶり」「ボケかぶり」するとちょっと恥《は》ずかしい。

▼上方　かみがた

江戸時代《えどじだい》に京都周辺《きょうとしゅうへん》をさした言葉《ことば》。現在《げんざい》のお笑《わら》いで使《つか》う場合《ばあい》には関西圏《かんさいけん》のことを指《さ》す。

▼ガヤ

メインキャストではなく、そのほか大勢《おおぜい》のにぎやかしのこと。脇役《わきやく》とはいえ、大声《おおごえ》でツッコミを入《い》れたり、リアクションしたり、いなくてはならない存在《そんざい》でもある。

▼カルテット

4人組《にんぐみ》のこと。

右肩《みぎかた》
左肩《ひだりかた》
つかだーっ!!
おだんご大《だい》ちゃん
プー!!

▼カロリー

お笑《わら》い労力《ろうりょく》。兄《にい》さんなどから呼《よ》ばれた企《き》画《かく》で、若手《わかて》が結果《けっか》を出《だ》そうとする時《とき》に「カロリーを使《つか》う」という言《い》い方《かた》をする。逆《ぎゃく》に制作《せいさく》する側《がわ》がお笑《わら》いのことをあまりわかっておらず、出演者《しゅつえんしゃ》に投《な》げっぱなしの企画《きかく》の時《とき》にも「カロリーが高《たか》い」という言《い》い方《かた》をする時《とき》もある。

▼関西弁 かんさいべん

笑《わら》いの本場《ほんば》、関西地方《かんさいちほう》の言葉《ことば》。言葉《ことば》に独《どく》特《とく》のイントネーションがあり、しゃべくりに心地良《ここちよ》いリズムを生《う》み出《だ》す。関西圏外《かんさいけんがい》の人《ひと》が使《つか》うと、すぐにバレるので、あまりマネしない方《ほう》が良《よ》い。

▼客いじり きゃくいじり

自分《じぶん》たちだけでネタをするのではなく、客席《きゃくせき》に言葉《ことば》を投《な》げかけて、お客《きゃく》さんを巻《ま》き込《こ》んで笑《わら》いを取《と》ること。前説《まえせつ》やライブのオープニングなどで、お客《きゃく》さんをあたためるために行《おこな》うことが多《おお》い。

▼客に寄せる きゃくによせる

お客《きゃく》さんが笑《わら》いそうなウケやすいネタをやること。身内《みうち》や自分《じぶん》のファンばかりが笑《わら》うネタをやると、「客《きゃく》に寄《よ》せすぎ」と小《こ》バカにされる。

▼逆張り ぎゃくばり

逆《ぎゃく》のことを言《い》うボケ方《かた》。例《たと》えば、友達《ともだち》と「ミニ四駆《よんく》」で遊《あそ》ぼうという流《なが》れで、デカいラジコンを持《も》ってきて「デカ四駆《よんく》!」などと言《い》うボケ方《かた》。大喜利的《おおぎりてき》に同《おな》じパターンを積《つ》み重《かさ》ねるとネタバレしやすい。

▼ギョーカイ用語 ぎょうかいようご

テレビ局《きょく》などいわゆる「ギョーカイ」で好《この》まれて使《つか》われてきた言葉《ことば》。「寿司《すし》」を「シースー」、「六本木《ろっぽんぎ》」を「ギロッポン」など基本的《きほんてき》には逆《さか》さ読《よ》みする。しかし、昭和《しょうわ》平成《へいせい》の浮《う》かれた時代《じだい》のパッパラパーな言葉《ことば》で、いまだに使《つか》っているのはおじさんしかいないので、使《つか》うとかなり恥《は》ずかしい!

▼くだり

ネタの一部分《いちぶぶん》のこと。また、「またこのくだりが始《はじ》まったよ」など、お約束的《やくそくてき》な集団《しゅうだん》芸《げい》のことを言《い》う場合《ばあい》もある。

▼芸名 げいめい

本名《ほんみょう》とは別《べつ》で、芸能《げいのう》の仕事《しごと》をする際《さい》に使《つか》う名前《なまえ》。マヂカルラブリー・村上《むらかみ》さんの本《ほん》名《みょう》は「鈴木《すずき》」だったりする!

▼ゲネプロ

演劇用語《えんげきようご》。本番前《ほんばんまえ》に本番同様《ほんばんどうよう》のリハーサルを行《おこな》うこと。長尺《ちょうじゃく》のコントライブなどをするときにも行《おこな》う。

▼ゲラ

よく笑《わら》ってくれるお客《きゃく》さんのこと。

▼香盤 こうばん

芸人《げいにん》の出演《しゅつえん》する順番《じゅんばん》。

▼コーナー

「ジェスチャーゲーム」や「モノボケ大《たい》会《かい》」など、平場《ひらば》で行《おこな》うお笑《わら》いの企画《きかく》のこと。

▼こすい

せこいこと。

▼小道具 こどうぐ

コントなどで使用《しよう》する道具《どうぐ》。食事《しょくじ》シーンの食器《しょっき》、コントでは時《とき》に事件《じけん》の発端《ほったん》となるノートなど、多岐《たき》にわたる。コーナーではモノボケのアイテムとして使用《しよう》されることも多《おお》い。

▼小慣れ感 こなれかん

デビューしたてにもかかわらず、そつなくこなしてしまうこと。形《かたち》をなぞっただけで、中身《なかみ》が伴《ともな》わない時《とき》に使《つか》う。お笑《わら》いファンやマニア上《あ》がりの若手芸人《わかてげいにん》にありがちな傾向《けいこう》。

▼コントイン

漫才《まんざい》で設定《せってい》をふった後《あと》にそれぞれの役割《やくわり》を提示《ていじ》して、しゃべくりからコントに転調《てんちょう》すること。

▼コンビ

2人組《ふたりぐみ》のこと。

▼さむい

場《ば》をしらけさせた行動《こうどう》をとった人《ひと》に使《つか》う言葉《ことば》。最近《さいきん》では「シャバい」の方《ほう》が使《つか》われている。

▼三段オチ さんだんおち

お笑《わら》いの基本用法《きほんようほう》。同《おな》じシチュエーションで3つの笑《わら》いをつくる。最初《さいしょ》はフリ、2人《ふたり》目《め》が中《ちゅう》ボケ、3人目《にんめ》が大《おお》ボケという感《かん》じで、笑《わら》いをとっていく。

▼師匠 ししょう

芸事《げいごと》の先生《せんせい》。お笑《わら》いの場合《ばあい》は、弟子入《でしい》りした落語家《らくごか》や漫才師《まんざいし》のこと。しかし、弟子《でし》入《い》りしていなくても、ベテランの芸人《げいにん》さんの敬称《けいしょう》として使《つか》うことも多《おお》い。

▼尺 しゃく

ネタの時間《じかん》のこと。「本日《ほんじつ》のステージは2分尺《ふんしゃく》でお願《ねが》いします」などと使《つか》う。

▼シャバい

お客《きゃく》さんからの笑《わら》いを安易《あんい》に取《と》ろうとする時《とき》に使《つか》う。

▼勝負ネタ しょうぶねた

「賞《しょう》レース」など、ここ1番《ばん》という時《とき》のために仕上《しあ》げていくネタのこと。夏《なつ》が近《ちか》づくと芸人《げいにん》さんたちは「今年《ことし》の勝負《しょうぶ》ネタできたか?」という話題《わだい》になる。

▼しらこい

しらじらしい振《ふ》る舞《ま》いで、見《み》ている側《がわ》が冷《さ》めてしまうこと。

▼スカし

フリに対《たい》して求《もと》められていることをあえてやらないこと。盛《も》り上《あ》がってる時《とき》に、あえてスカして大《おお》きな笑《わら》いをうむ場合《ばあい》もあるが、冷《さ》めさせたり、しらけさせてしまうこともあるので、注意《ちゅうい》が必要《ひつよう》。

▼すぐ言う芸 すぐいうげい

50音《おん》の一文字《いちもじ》を言《い》ってもらえたら、その一文字《いちもじ》から始《はじ》まるギャグをしたり、自分《じぶん》の得意《とくい》ジャンルの「あるある」を即興《そっきょう》で言《い》う芸《げい》のこと。自分《じぶん》をアピールするために持《も》ちネタにしている若手芸人《わかてげいにん》が多《おお》い。しかし、ただ情報《じょうほう》を言《い》っているだけで、笑《わら》いがまったくない場合《ばあい》もある。

▼スベる

ウケないこと。

▼せめる

実験的《じっけんてき》なネタやまだ完成《かんせい》しきっていないネタを、伝《つた》わりそうにないお客《きゃく》さんの前《まえ》であえてやってみること。

▼前室 ぜんしつ

劇場《げきじょう》の舞台裏《ぶたいうら》にある出演者《しゅつえんしゃ》がたむろする広間《ひろま》のこと。楽屋《がくや》のように部屋《へや》ごとに仕切《しき》られていない空間《くうかん》。

▼体重が乗る たいじゅうがのる

ライブの企画《きかく》やコーナーなどで、芸人自《げいにんみずか》らがおもしろがれて、前《まえ》のめりになるようなこと。

▼大爆 だいばく

大爆笑《だいばくしょう》をとること。

▼立ち位置 たちいち

漫才《まんざい》で、左右《さゆう》(上下《かみしも》)どちら側《がわ》に立《た》っているかということ。

▼ダダスベリ

とにかくスベり続《つづ》けること。

▼団体芸 だんたいげい

平場《ひらば》で、数組《すうくみ》の芸人《げいにん》がガヤで同《おな》じツッコミを入《い》れたり、くだり芸《げい》をしたりして、笑《わら》いをとること。

▼**地下芸人** ちかげいにん

まだ売《う》れておらず、ライブしか仕事《しごと》が無《な》い芸人《げいにん》のこと。同《おな》じ地下《ちか》でも「地下《ちか》アイドル」とはニュアンスがちょっと異《こと》なる。

▼**茶番** ちゃばん

やらせ的《てき》なやりとりを、あえて真剣《しんけん》にやってみせること。

▼**中堅芸人** ちゅうけんげいにん

最近《さいきん》ではキャリア10年目《ねんめ》以降《いこう》20年目《ねんめ》くらいまでの芸人《げいにん》を指《さ》すことが多《おお》い。

▼**つかみ**

ネタの始《はじ》まりで笑《わら》いをとること。

▼**附帳** つけちょう

その日《ひ》に出演《しゅつえん》する芸人《げいにん》さんごとに「漫才《まんざい》かコントか」、コントの場合《ばあい》は「小道具《こどうぐ》や衣《い》装《しょう》など必要《ひつよう》な準備物《じゅんびぶつ》」「ネタのきっかけ確《かく》認《にん》」などを書《か》き込《こ》んだもの。

▼**爪あとを残す** つめあとをのこす

成果《せいか》を残《のこ》すこと。主《おも》にバラエティー番組《ばんぐみ》に出演《しゅつえん》した若手芸人《わかてげいにん》たちが、大物《おおもの》MC《エムシー》に覚《おぼ》えてもらうために必死《ひっし》になることを指《さ》す。

▼**ツボ**

自分《じぶん》がおもしろいと思《おも》うところ。人《ひと》それぞれに自分《じぶん》の「笑《わら》いのツボ」がある。笑《わら》い続《つづ》ける時《とき》に「ツボにハマった！」という言《い》い方《かた》をする。

▼**ヅラ**

かつらのこと。ハゲのかつらを「ハゲヅラ」と呼《よ》ぶ。

▼**鉄板** てっぱん

お客《きゃく》さんから絶対《ぜったい》に笑《わら》いが取《と》れる自信《じしん》のあるネタ。

▼**てっぺん**

ギョーカイ用語《ようご》の一《ひと》つ。深夜《しんや》0時《じ》のこと。昭和平成《しょうわへいせい》の時代《じだい》は0時《じ》を回《まわ》ることを「てっぺん回《まわ》った」などと言《い》った。

▼**てんどん**

笑《わら》いのテクニックの一《ひと》つ。笑《わら》いがおきたボケに、同《おな》じボケを2回《かい》3回《かい》と繰《く》り返《かえ》して笑《わら》いをとっていく手法《しゅほう》。

▼**ドッキリ**

虚偽《きょぎ》の番組《ばんぐみ》の進行《しんこう》で騙《だま》したり、いたずらを仕掛《しか》けたりして、出演者《しゅつえんしゃ》のリアクションを見《み》ること。

▼**飛び出し・飛び込み** とびだし・とびこみ

別《べつ》の仕事《しごと》があって、舞台《ぶたい》の出番《でばん》が終《お》わってすぐに劇場《げきじょう》を出《で》ることを飛《と》び出《だ》し、逆《ぎゃく》に出番直前《でばんちょくぜん》に別《べつ》の現場《げんば》から劇場《げきじょう》に来《く》ることを飛《と》び込《こ》みという。

▼**ドヤ**

「どうだ?」の関西弁《かんさいべん》。標準語《ひょうじゅんご》の意味《いみ》にすると「これいいだろ?」「これおもろいやろ?」というニュアンスになる。

▼**ドヤ顔** どやがお

「いまオレおもろいこと言《い》ったやろ！」という気持《きも》ちが顔《かお》にでてしまうこと。

▼**ドヤ感** どやかん

「オレおもろいことやりますよ」みたいな空気《くうき》をまとっていること。ドヤ感《かん》が出過《です》ぎるとスベる可能性《かのうせい》もある。

▼**トリ**

舞台《ぶたい》の最後《さいご》をしめる人《ひと》。トリを任《まか》せられるようになったら一人前《いちにんまえ》の証《あかし》。

▼**トリオ**

3人組《にんぐみ》のこと。コント芸人《げいにん》に多《おお》い。

▼**流す** ながす

お笑《わら》いテクニックの一《ひと》つ。ネタや平場《ひらば》などで、あまり広《ひろ》がらないと思《おも》ったボケやツッ

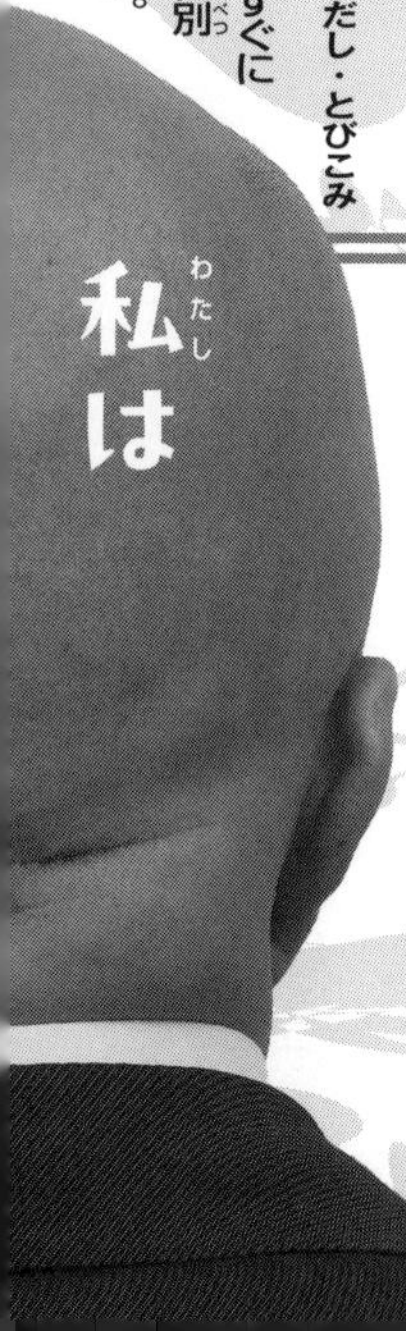

コミをあえて無視《むし》して次《つぎ》の展開《てんかい》に行《い》くこと。

▼なんでやねん！

関西弁特有《かんさいべんとくゆう》のツッコミ。46P参照《ページさんしょう》

▼兄さん・姉さん　にいさん・ねえさん

お笑《わら》い業界《ぎょうかい》の先輩《せんぱい》のこと。お笑《わら》い養成所《ようせいしょ》がない時代《じだい》、芸人《げいにん》になるには師匠《ししょう》に弟子《でし》入りしなければならず、先《さき》に入門《にゅうもん》していた先《せん》輩《ぱい》のことを「兄弟子《あにでし》」と言《い》った。弟弟子《おとうとでし》が兄弟子《あにでし》を呼《よ》ぶときに「兄《にい》さん」と言《い》っていたことから、その言葉《ことば》が残《のこ》っている。

▼ニュアンス

言葉《ことば》の微妙《びみょう》な意味合《いみあ》い。お笑《わら》いの場合《ばあい》、かっちりした言葉《ことば》をあえて選《えら》ばず、語呂《ごろ》や語《ご》感《かん》がいい感《かん》じになる雰囲気《ふんいき》の言葉《ことば》を選《えら》ぶ場《ば》合《あい》を指《さ》すこともある。

▼人　にん

人間性《にんげんせい》、個性《こせい》、長所短所《ちょうしょたんしょ》、キャラクターなど、その人《ひと》が持《も》っているさま。漫才《まんざい》は「ニン」が出《で》るとネタに独自性《どくじせい》が出《で》て、お客《きゃく》さんに伝《つた》わり、笑《わら》いやすくなると言《い》われている。

▼ネタ見せ　ねたみせ

テレビのディレクター、作家《さっか》などにネタを見《み》てもらうこと。

▼ネタをおろす

舞台《ぶたい》で新《しん》ネタを初《はじ》めてやること。

▼ネタをかける

ネタを演《えん》じること。

▼ネタをかむ

ネタ中《ちゅう》に言《い》い間違《まちが》ったり、言葉《ことば》に詰《つ》まったりしてしまうこと。キャリアが浅《あさ》い芸人《げいにん》はパニックになってしまうことも多《おお》い。

▼ネタをこする

何年《なんねん》もやっているネタをバージョンアップさせて何年《なんねん》もやり続《つづ》けること。「あのネタまだやってんの？　こすりまくってるなあ！」などと使《つか》う。

▼ネタをたたく

ネタを仕上《しあ》げていくこと。「あのネタたたきまくったなあ」などと使《つか》う。

▼ネタをとばす

ネタの途中《とちゅう》でその後《ご》の展開《てんかい》を忘《わす》れてしまうこと。

▼脳汁　のうじる

ネタやコーナーなどで爆笑《ばくしょう》をとるとあふれ出《で》てくる。「アドレナリン」とほぼ同義《どうぎ》。それを味《あじ》わうと芸人《げいにん》がやめられなくなると言《い》われている。ギャンブルをする芸人《げいにん》ほど使用頻度《しようひんど》が高《たか》い。

▼ハーフ芸人　はーふげいにん

お父《とう》さんかお母《かあ》さんが外国人《がいこくじん》の芸人《げいにん》。ハーフならではのエピソードをたくさん持《も》っている。

▼場当たり　ばあたり

主《おも》にコントで、舞台監督《ぶたいかんとく》などと本番前《ほんばんまえ》に立《た》ち位置《いち》や道具《どうぐ》の位置《いち》などを確認《かくにん》すること。その後《ご》、リハーサルを行《おこな》う。

▼拍手笑い　はくしゅわらい

お客《きゃく》さんが手《て》を叩《たた》いて笑《わら》うほどの笑《わら》い。「大爆《だいばく》」とほぼ同《おな》じ。

▼箱　はこ

劇場《げきじょう》のこと。

▼罰ゲーム　ばつげーむ

コーナーなどで負《ま》けた人《ひと》がやらされる。苦《にが》いお茶《ちゃ》を飲《の》まされたり、好《す》きな人《ひと》に告白《こくはく》させられたり、いろいろなパターンがある。やりすぎるといじめになるので要注意《ようちゅうい》！

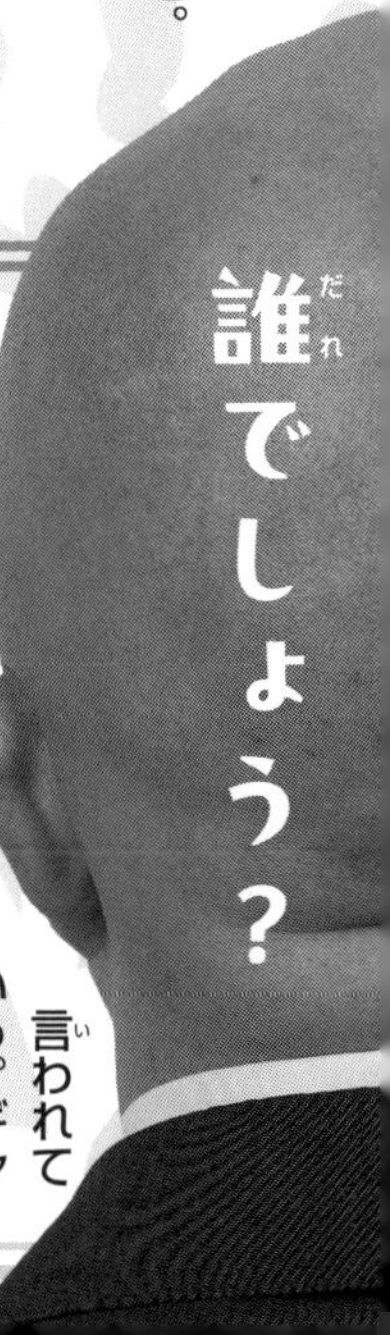

▼ハネる

1・その日《ひ》のライブが終《お》わること。
2・大《おお》きな笑《わら》いをとること。「今日《きょう》のネタはハネたなあ」という使《つか》い方《かた》をする。

▼ハリボケ

お笑《わら》いの技術《ぎじゅつ》の一《ひと》つ。ワードやフレーズを大《おお》きめに声《こえ》をはってボケること。

▼引き出し　ひきだし

お笑《わら》いはもちろん、いろいろな物事《ものごと》に精《せい》通《つう》していること。

▼引く　ひく

ド下《しも》ネタやあまりにも独《ひと》りよがりな笑《わら》いがあった時《とき》、お客《きゃく》さんはもとより共演者《きょうえんしゃ》が笑《わら》えなくなってしまうこと。最上級《さいじょうきゅう》を「ドン引《び》き」という。

▼ひな壇芸人　ひなだんげいにん

「ガヤ」とほぼ同義語《どうぎご》。メインキャストではない多数《たすう》の出演者《しゅつえんしゃ》たちがひな壇《だん》に座《すわ》らされていることから、この呼称《こしょう》で呼《よ》ばれるようになった。

▼平場　ひらば

ネタではなく、フリートークやコーナーなど、アドリブ力《りょく》が問《と》われる企画《きかく》や場所《ばしょ》のこと。98P《ページ》参照《さんしょう》。

▼拾う　ひろう

お笑《わら》いテクニックの一《ひと》つ。ネタや平場《ひらば》などで、本来《ほんらい》ならば聞《き》き流《なが》すような細《こま》かい一《ひと》言《こと》やボケをあえてピックアップすること。

▼伏線回収　ふくせんかいしゅう

最初《さいしょ》の何気《なにげ》ない言葉《ことば》や行動《こうどう》が、最後《さいご》に意《い》味《み》を持《も》って、理解《りかい》されること。コントの場《ば》合《あい》は爆笑《ばくしょう》をとったり、時《とき》には感動《かんどう》させたりすることもある。漫才《まんざい》の場合《ばあい》は、うまくやらないと予定《よてい》調和《ちょうわ》になってしまう場合《ばあい》もある。

▼舞台監督　ぶたいかんとく

略《りゃく》して舞監《ぶかん》。舞台《ぶたい》の設営《せつえい》や進行《しんこう》を仕切《しき》る人《ひと》。コント師《し》の単独《たんどく》ライブでは、芸人《げいにん》の意《い》向《こう》をくみ取《と》った準備《じゅんび》をしてくれる縁《えん》の下《した》の力持《ちからも》ち。

▼フラ

落語《らくご》の言葉《ことば》。高座《こうざ》に上《あ》がる前《まえ》から、おもしろい雰囲気《ふんいき》を漂《ただよ》わせている人《ひと》。生《う》まれつきの愛《あい》され気質《きしつ》がある人《ひと》。

▼フリップ

大喜利《おおぎり》の回答《かいとう》の際《さい》に使《つか》うもの。また、主《おも》にピン芸人《げいにん》の人《ひと》たちが、大喜利《おおぎり》を書《か》いたり、イラストを描《か》いたりと、フリップを使用《しよう》するネタが多《おお》くある。

▼フレーズ

一連《いちれん》の単語《たんご》や文章《ぶんしょう》からなる表現《ひょうげん》。ピン芸《げい》人《にん》の「ギャグフレーズ」や、ツッコミの人《ひと》が持《も》つ、お決《き》まりの「ツッコミフレーズ」などがある。

▼べっぴんさん

美人《びじん》のこと。前説《まえせつ》でよく使《つか》うフレーズに「べっぴんさん、べっぴんさん、一人《ひとり》とばしてべっぴんさん」がある。

▼ベテラン芸人　べてらんげいにん

キャリア20年《ねん》近《ちか》くになると、ベテランと言《い》われるようになる。

▼本　ほん

ネタの台本《だいほん》のこと。台本《だいほん》がおもしろくても、演《えん》じる人《ひと》の能力《のうりょく》が追《お》いついていない場《ば》合《あい》は「本《ほん》は良《い》いんだけどね～」などと言《い》われる。

▼間　ま

会話《かいわ》の中《なか》にある「無言《むごん》」の時間《じかん》。しゃべくりのリズムをつくるためにとても重要《じゅうよう》なもの。

▼前節　まえせつ

ライブの開始前《かいしまえ》に、若手芸人《わかてげいにん》が注意事項《ちゅういじこう》の説明《せつめい》や、お客《きゃく》さんと拍手《はくしゅ》の練習《れんしゅう》などをして、会場《かいじょう》をあたためること。

▼幕間　まくあい

映画《えいが》では映画《えいが》が始《はじ》まる前《まえ》の時間《じかん》のこと。お笑《わら》いライブではコントライブで、舞台転《ぶたいてん》換《かん》や着替《きが》えなどの時間《じかん》のために、VTR《ブイティーアール》などを差《さ》し込《こ》む時《とき》によく使用《しよう》する言葉《ことば》。

▼マンキン

「全力《ぜんりょく》」や「本気《ほんき》」という意味《いみ》。手《て》を抜《ぬ》いたり、スカしたりした時《とき》に「オマエ、そこはマンキンでやれ！」などと使《つか》う。

▼むちゃぶり

平場《ひらば》でMC《エムシー》から急《きゅう》にふられること。

▼持ちギャグ　もちぎゃぐ

自《みずか》らつくりだした定番《ていばん》のギャグ。平場《ひらば》などで重宝《ちょうほう》される。

▼持ちネタ　もちねた

いま現在《げんざい》の時点《じてん》でやれるネタ。ネタをかけてウケなかったり、時代《じだい》に合《あ》わなくなってきたりしたら、やらなくなる。

▼モノボケ

モノを使《つか》ってボケること。お笑《わら》いライブのコーナーなどでよく行《おこな》う。

▼盛る　もる

エピソードトークをよりおもしろくするために誇張《こちょう》すること。しかし、あまりやりすぎると「盛《も》りすぎ！」と言《い》われる。また、誇張《こちょう》したエピソードトークばかりする人《ひと》は「あいつは盛《も》り癖《ぐせ》がある」と言《い》われる。

▼やらせ

「ドキュメンタリー」や「ドッキリ」などで、台本《だいほん》があって結論《けつろん》や結末《けつまつ》が決《き》まっているにもかかわらず、出演者《しゅつえんしゃ》がそれを知《し》らないようによそおうこと。あるいは第《だい》3者《しゃ》を仕込《しこ》んで、流《なが》れに沿《そ》った回答《かいとう》を言《い》わせたりすること。

▼ユニゾン

漫才《まんざい》のボケ方《かた》の一《ひと》つ。あるワードで声《こえ》を合《あ》わせるボケ。

▼夢オチ　ゆめおち

やりたい放題《ほうだい》にボケまくって、最後《さいご》は「夢《ゆめ》だった」で終《お》わらせること。なんでもありになってしまうので、プロの芸人《げいにん》がやると恥《は》ずかしいネタの一《ひと》つ。

▼ヨゴレ

下《しも》ネタなどで笑《わら》いをとったり、倫《りん》理的《りてき》に外《はず》れた行動《こうどう》をとったりする芸人《げいにん》のこと。

▼リハーサル

通称《つうしょう》「リハ」。ライブ本番前《ほんばんまえ》に、ネタやコーナーなどの進行《しんこう》の確認《かくにん》を行《おこな》うこと。ネタリハは、コントだとオチ台詞《ぜりふ》やきっかけなどを確認《かくにん》する。漫才《まんざい》は「ありがとうございました」で終《お》わるので、ほとんどリハはしない。

▼若手芸人　わかてげいにん

デビューしたての芸人《げいにん》のこと。20歳《さい》で入《にゅう》門《もん》しようが、50歳《さい》で入門《にゅうもん》しようが芸歴《げいれき》1年《ねん》目《め》なら「若手《わかて》」と言《い》われる。2010年《ねん》くらいまでは売《う》れるまでが「若手芸人《わかてげいにん》」扱《あつか》いされてきたが、芸人《げいにん》の数《かず》が増《ふ》えたためにキャリア10年目前後《ねんめぜんご》から「中堅《ちゅうけん》」と言《い》われるようになってきた。

お笑《わら》い講座《こうざ》

実践編《じっせんへん》 お笑《わら》いの発想法《はっそうほう》を養《やしな》おう!

大喜利《おおぎり》

「お笑《わら》い力《りょく》」を鍛《きた》える「脳《のう》トレ」として「大喜利《おおぎり》」にチャレンジしてみよう!

回答《かいとう》を考《かんが》えよう

世界《せかい》おなら選手権《せんしゅけん》どんな競技《きょうぎ》がある?

おもしろい回答《かいとう》をするためには、頭《あたま》の回転《かいてん》が早《はや》く、たくさんの言葉《ことば》を知《し》っている必要《ひつよう》があります。言葉《ことば》には「意味《いみ》」や「情報《じょうほう》」があります。今回《こんかい》のお題《だい》から考《かんが》えるの

競屁
42.195プーキロ走
棒高コキ
焼肉の煙のモノマネ
バトンがおなら プープーリレー
走り屁々跳び
おならしてないです顔男子
気付かれずに何発できるか満員電車の部
屁ンシング
工屁

は「おなら」「競技《きょうぎ》」です。それぞれどんな意味《いみ》や情報《じょうほう》があるでしょうか？

①「おなら」

おならには「ブー！」という大《おお》きな音《おと》、音《おと》がしない「スカしっぺ」などの種類《しゅるい》があります。漢字《かんじ》で書《か》くと「屁《へ》」になります。「がまん」「いも」など「おなら」から連想《れんそう》する言葉《ことば》を考《かんが》えます。

②「競技《きょうぎ》」

いろいろな「競技《きょうぎ》」をできるだけ思《おも》い浮《う》かべます。「世界《せかい》」という言葉《ことば》があるので、「世界的《せかいてき》な競技《きょうぎ》」である「オリンピック」「ワールド杯《カップ》」を想像《そうぞう》しがちです。しかし、「将棋《しょうぎ》」「トランプ」などのテーブル競技《きょうぎ》もあります。言葉《ことば》の持《も》つ意味《いみ》を考《かんが》えることも重要《じゅうよう》ですが、逆《ぎゃく》に縛《しば》られすぎてもマイナスになってしまいます。

さて、芸人《げいにん》さんたちの回答《かいとう》はどういう組《く》み合《あ》わせになっているかな？

うんこ〜！
水中でゴールに
にぎりっ屁を入れ合う
水屁
空中ぷぅ〜返り
男子さつまいも
フリースタイル
オナラップ
にぎりっ屁《ぺ》リレー
オードーリー
ヘ・プッバーン！
選手権
「おなら」から「うんこ」を連想《れんそう》するのは単純《たんじゅん》すぎ！
できる限《かぎ》り「おなら」だけで考《かんが》えてみよう！

お題《だい》を考《かんが》えよう

こんな○○はいやだ！どんな○○？

○○の中《なか》に「運動会《うんどうかい》」「遠《えん》足《そく》」「担任《たんにん》の先生《せんせい》」などの言《こと》葉《ば》を入《い》れたら大喜利《おおぎり》のお題《だい》の完成《かんせい》！芸人《げいにん》さんたちはどんなお題《だい》をつくってくれたかな？

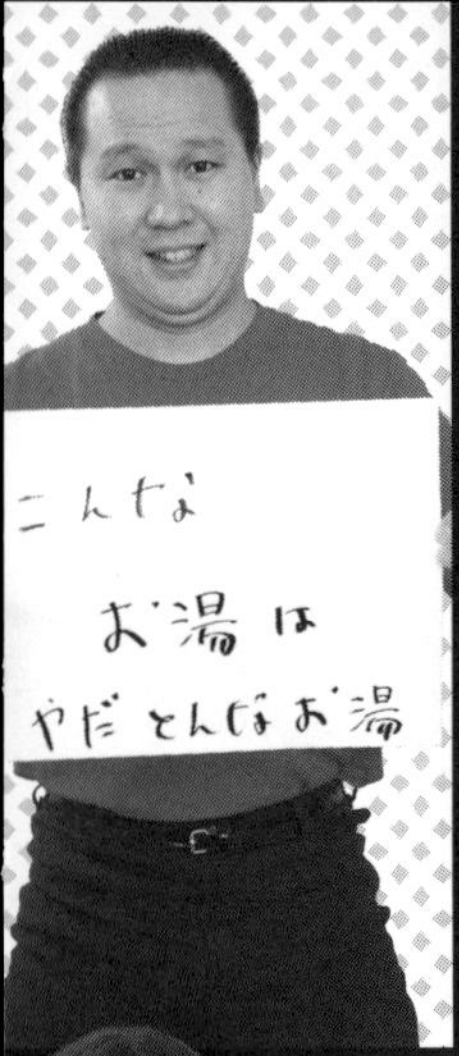
こんな
お湯は
イヤだ どんなお湯

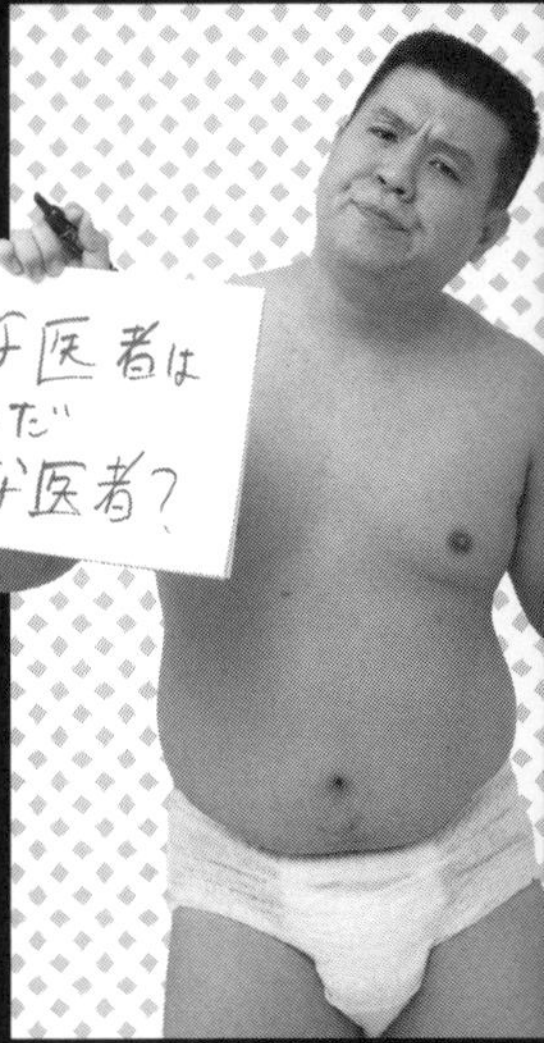
こんな医者は
イヤだ
どんな医者？

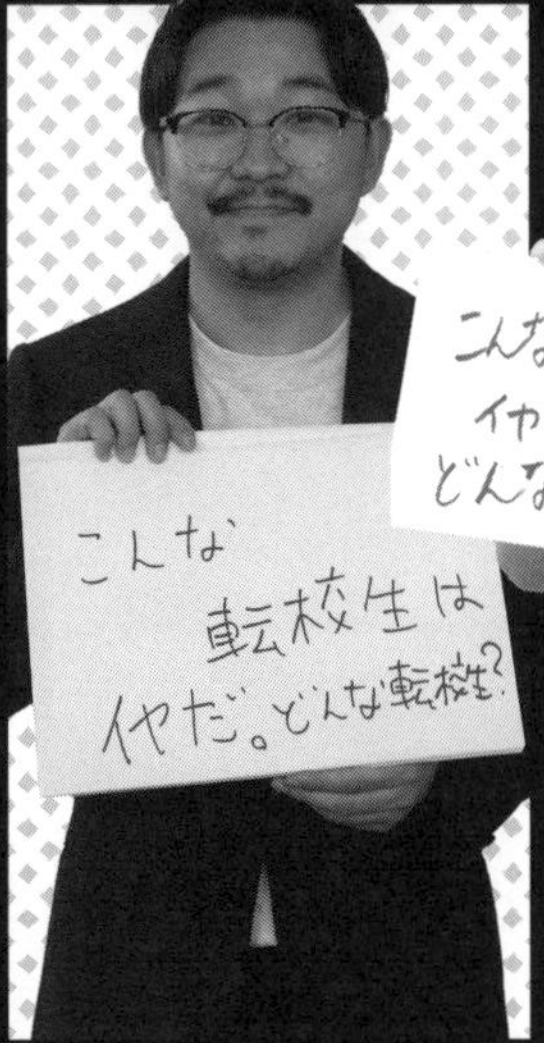
こんな
転校生は
イヤだ。どんな転校生？

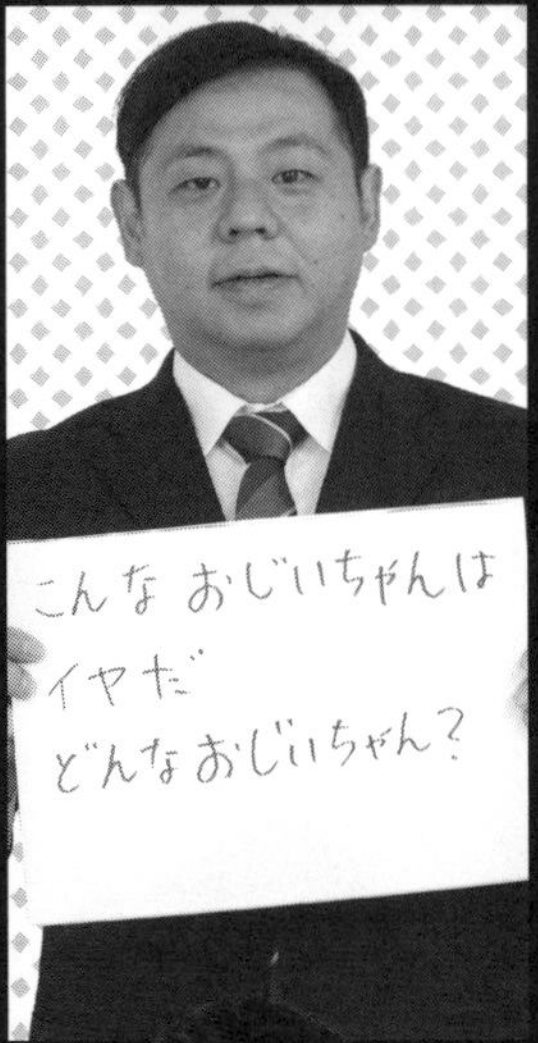
こんなおじいちゃんは
イヤだ
どんなおじいちゃん？

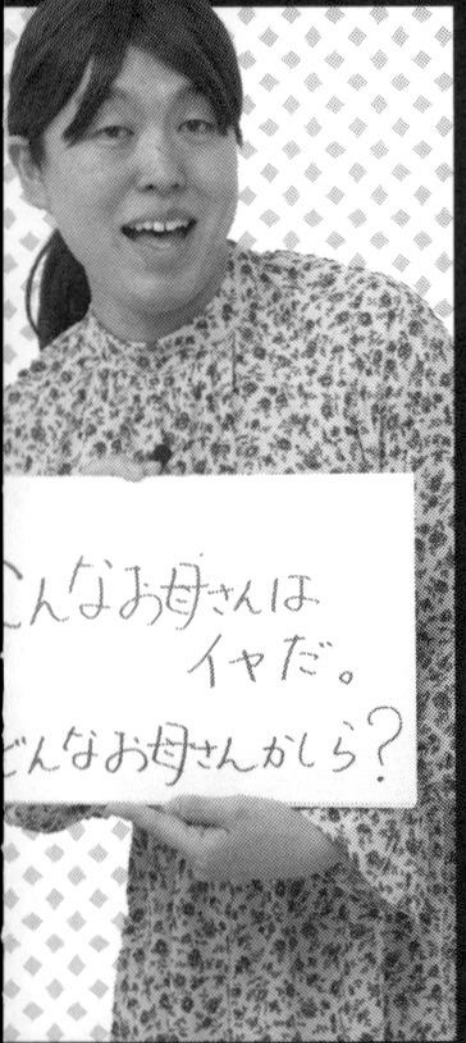
こんなお母さんは
イヤだ。
どんなお母さんかしら？

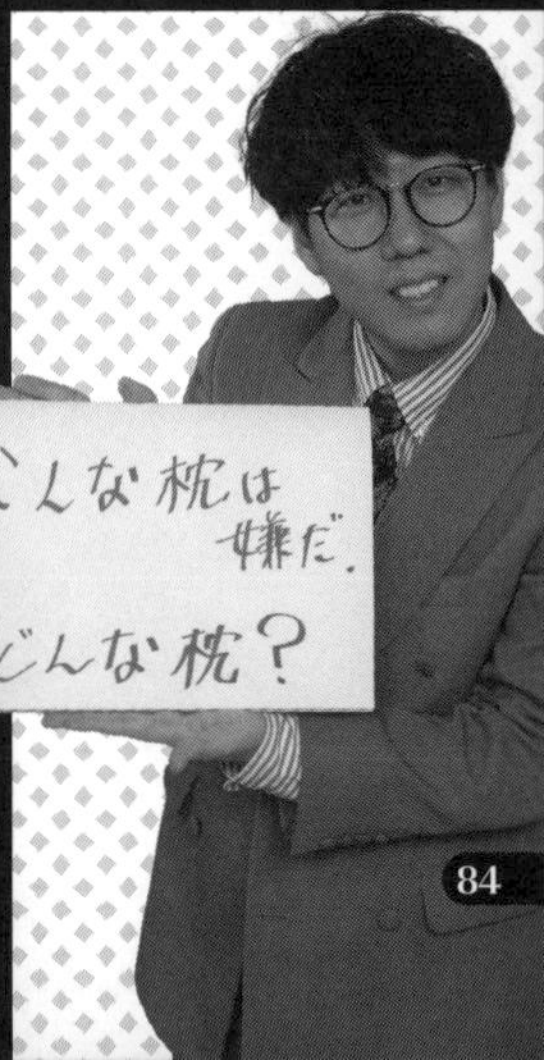
こんな枕は
嫌だ。
どんな枕？

こんな祝日
は嫌だ。
どんな祝日？

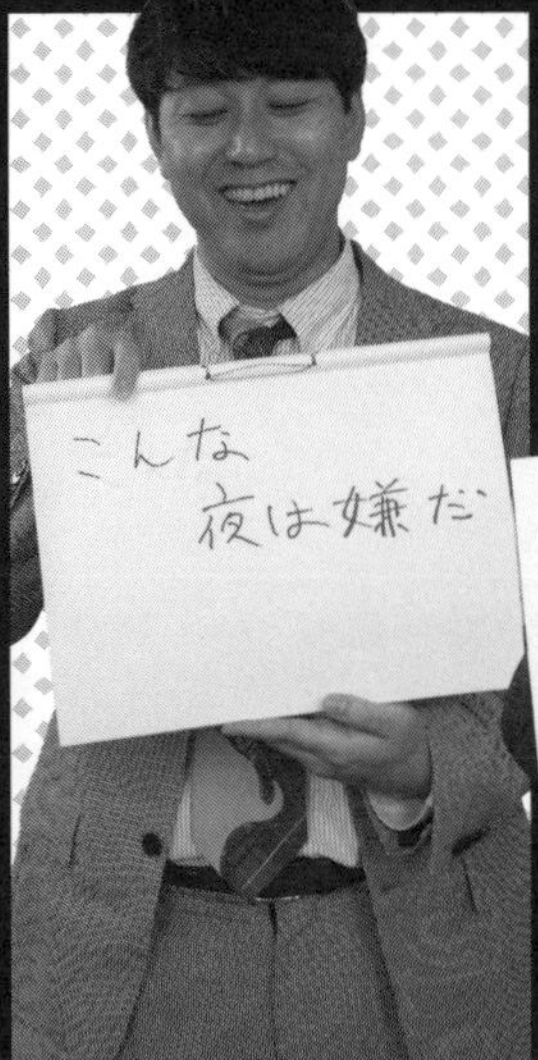
こんな
夜は嫌だ

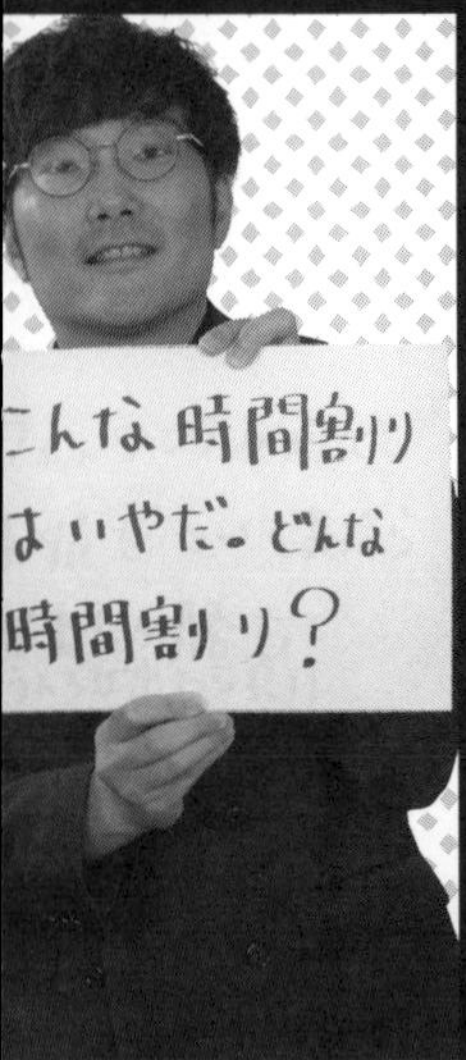
こんな時間割り
はいやだ。どんな
時間割り？

その他《た》の大喜利《おおぎり》のパターン例《れい》！みんなで大喜利《おおぎり》のお題《だい》を考《かんが》えてみよう！

○○の中《なか》に言葉《ことば》を入《い》れて、お題《だい》を完成《かんせい》させてみよう。お題《だい》には、言葉《ことば》のお題《だい》だけではなく、「写真《しゃしん》で一言《ひとこと》」「歌《うた》の1フレーズ変化《へんか》」などたくさんの種類《しゅるい》があるよ。

○○が○○した言《い》い訳《わけ》とは？

例《れい》 **校長先生《こうちょうせんせい》が遅刻《ちこく》した言《い》い訳《わけ》とは？**

○○から○○に一言《ひとこと》

例《れい》 **赤信号《あかしんごう》から青信号《あおしんごう》に一言《ひとこと》**

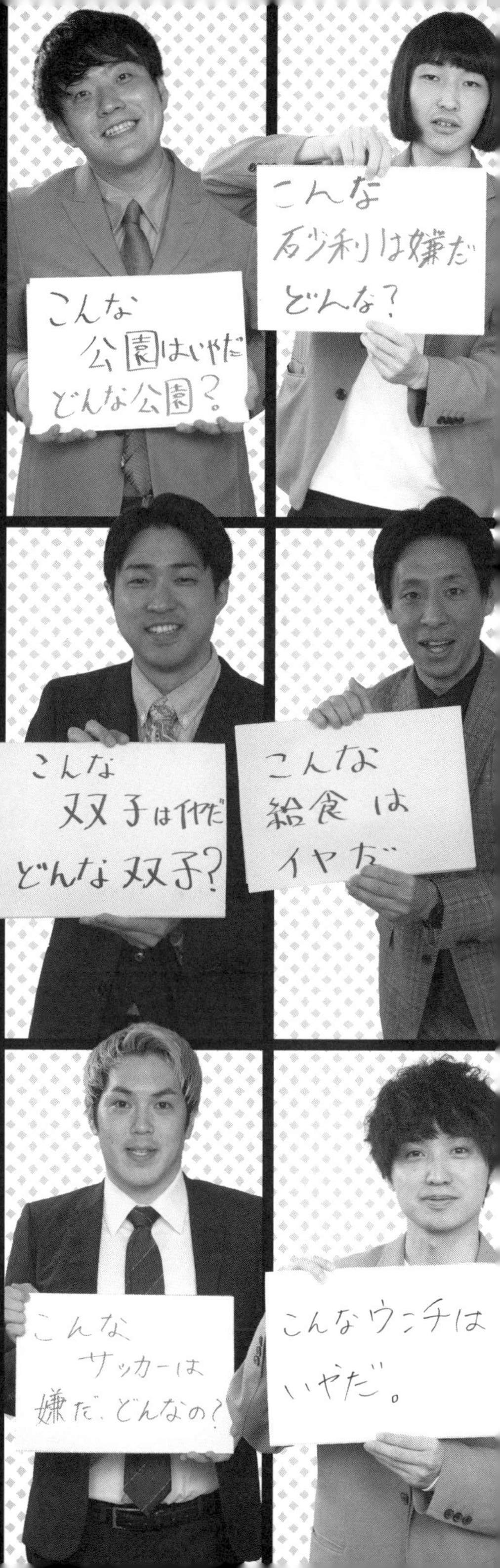
こんな砂利は嫌だ どんな？
こんな公園はいやだ どんな公園？
こんな給食はイヤだ
こんな双子はイヤだ どんな双子？
こんなウンチはいやだ。
こんなサッカーは嫌だ、どんなの？

「あるある」を考《かんが》えよう！

学校《がっこう》でこんな経験《けいけん》をしたことがある人《ひと》はいますか？

●先生《せんせい》のことを「お母《かあ》さん」って呼《よ》んでしまう

●トイレが我慢《がまん》できなくて、「先生《せんせい》、トイレ！」って言《い》ったら「先生《せんせい》はトイレじゃありません」って言《い》われる

●授業中《じゅぎょうちゅう》に教室《きょうしつ》に虫《むし》が入《はい》ってきて、大《おお》騒《さわ》ぎになる

●理科室《りかしつ》の水《みず》の勢《いきお》いがすごくてビックリする

多《おお》くの人《ひと》が「あ〜、あるある！」と思《おも》ったのではないでしょうか？　おそらくですが、キミたちのお父《とう》さんやお母《かあ》さんもわかると思《おも》います。もう何十年《なんじゅうねん》も前《まえ》の話《はなし》になると思《おも》いますが、キミのお父《とう》さんお母《かあ》さんも小中学生時代《しょうちゅうがくせいじだい》がありました。キミたちと同《おな》じ経験《けいけん》もたくさんしています。遠足《えんそく》にも修学旅行《しゅうがくりょこう》にも行《い》っています。

このように日常《にちじょう》で起《お》こる共感性《きょうかんせい》のあるネタのことを「あるある」と言《い》います。

お笑《わら》いではとても基《き》本的《ほんてき》な「ネタだし」のやり方《かた》です。「大喜利《おおぎり》」は「発《はっ》想《そう》」をしなければなりませんが、「あるある」は「着眼点《ちゃくがんてん》」で考《かんが》えるお笑《わら》いと言《い》えるかもしれません。

先《さき》ほどの例《れい》「学校《がっこう》あるある」のように、カテゴリーやジャンルに絞《しぼ》って考《かんが》えます。「学校《がっこう》あるある」をさらに絞《しぼ》って「遠足《えんそく》あるある」にするなら

●おやつは〇円《えん》まで

●家《いえ》に帰《かえ》ってお母《かあ》さんに「ただいま！」を言《い》うまでが遠足《えんそく》

などとなります。

「サッカー」「野球《やきゅう》」など細《こま》かくすると、それらのジャンルが好《す》きな人《ひと》にはとても共感《きょうかん》されて、笑《わら》いが取《と》れるネタなのです。

どんな「あるある」を見《み》つけるかが、ネタつくりの鍵《かぎ》になります。日頃《ひごろ》から日常《にちじょう》をよく観察《かんさつ》しておきましょう！

アイドルあるある
年齢《ねんれい》ごまかしがち！

「もしも〜」を考《かん》えよう！

将来《しょうらい》の夢《ゆめ》は誰《だれ》にでもあります。キミの将来《しょうらい》の夢《ゆめ》はなんでしょうか？

キミがなりたいものになれたとしたら、どんなことがしたいですか？

また、「こんなものがあったら便利《べんり》だなあ」と思《おも》ったものにはどんなものがありますか？

友達《ともだち》と将来《しょうらい》の夢《ゆめ》を語《かた》りあったり、未来《みらい》を想像《そうぞう》することはありませんか？

それから恐竜《きょうりゅう》が好《す》きな人《ひと》は、恐竜時代《きょうりゅうじだい》に自分《じぶん》が行《い》けたらなにをしたいですか？

マンガの世界《せかい》に入《はい》り込《こ》めるとしたら、どのマンガで、誰《だれ》に会《あ》ってなにをしたいですか？

「もしも〜」の話《はなし》は無限《むげん》にあります。好《す》きな話《はなし》は熱《あつ》くなって、何時間《なんじかん》でも語《かた》れるでしょう。

このような「もしも〜」の話《はなし》をまじめに考《かんが》えるのではなく、お笑《わら》い要素《ようそ》を入《い》れて考《かんが》えてみるだけで、ネタの発想《はっそう》になるのです。「もしも〜」の話《はなし》は、お笑《わら》いのネタをつくるために、とても基本的《きほんてき》な方法《ほうほう》なのです。ちょっと考《かんが》えるだけで、たくさんのネタのアイデアが生《う》まれてくるはずです。

例《たと》えば「もしも、将来《しょうらい》、月《つき》に遠足《えんそく》に行《い》く時代《じだい》が来《き》たら、こんな感《かん》じになるのでは？」だけでネタの種《たね》のできあがり。あとは「おやつはどうなる？」「バスではなくロケットのレクリエーションはなににする？」など「遠足《えんそく》あるある」を宇宙《うちゅう》バージョンにしてネタ出《だ》しをしていけば、ネタの完成《かんせい》です。あとは「漫才《まんざい》」でしゃべるか、「コント」で実演《じつえん》するかです。

まじめすぎず、お笑《わら》い要素《ようそ》を足《た》して考《かんが》えてみるだけでいいのです。いろいろなものを見《み》て、どうしたらお笑《わら》いになるか発想《はっそう》をはりめぐらせてみましょう！

もしもハーモニカ縦吹《たてふ》きおじさんがお父《とう》さんだったら！

実践編《じっせんへん》! ジェスチャー①

言葉《ことば》だけではなく「身体《からだ》を動《うご》かすお笑《わら》い」を考《かんが》えてみよう!

「演技力《えんぎりょく》」と「ジェスチャー」は必《かなら》ずしもイコールではありません。言葉《ことば》だけでは人《ひと》に伝《つた》わらない時《とき》に、身《み》ぶり手《て》ぶりをつけることも「ジェスチャー」です。「大喜利《おおぎり》」と同《おな》じく、言葉《ことば》の持《も》っている「意味《いみ》」「情報《じょうほう》」を考《かんが》えてみましょう。「ジェスチャー」に「表情《ひょうじょう》」をつけ加《くわ》えるとさらに意味《いみ》が変《か》わります。例《たと》えば「ジェットコースター」なら「爆笑《ばくしょう》」と「号泣《ごうきゅう》」の顔《かお》では違《ちが》って見《み》えませんか? いろいろな組《く》み合《あ》わせで、演《えん》じ分《わ》けてみましょう!

コーヒーカップ
ぐるぐる回《まわ》って目《め》も回《まわ》っちゃった!
ジェットコースター
「カタカタ」と登《のぼ》って、「ガタガタ」揺《ゆ》れて、「スバーンっ!」て落《お》ちる!

どんな動《うご》きが思《おも》い浮《う》かぶかな?

「遊園地《ゆうえんち》」という言葉《ことば》から

★キミもやってみよう！

メリーゴーランド

おウマさんにまたがったつもりで上《うえ》に下《した》に楽《たの》しく！

デートする人《ひと》

男性《だんせい》も女性《じょせい》も両方《りょうほう》とも演《えん》じてみよう！

おばけ屋敷《やしき》

怖《こわ》がるお客《きゃく》さんとオバケ、どっちが伝《つた》わりやすいかな？

フリーフォール

なるべく高《たか》くジャンプして落《お》ちてみよう！

実践編《じっせんへん》！ ジェスチャー②

ジェスチャーは「お題《だい》」によって、演《えん》じることが大《おお》きく変化《へんか》します。言葉《ことば》の持《も》つ「情報《じょうほう》」を広《ひろ》くしたり、せまくしたりすることで、難易度《なんいど》が変《か》わってきます。「お題《だい》」の出《だ》し方《かた》、それに対《たい》してなにをジェスチャーするかで、ジェスチャーでも回答《かいとう》でも笑《わら》いをとることができるのです。「大喜利《おおぎり》」と同《おな》じくらい「ジェスチャー」もお笑《わら》いのトレーニングになります。

お題《だい》 動物園《どうぶつえん》

イチキップリンが演《えん》じている動物《どうぶつ》がなにかわかるかな？回答《かいとう》は下《した》に書《か》いてあるよ。

●こたえ…正解《せいかい》・1「ゾウ」、2「サル」、3「イヌ」、4「ネコ」、5「ブタ」、6「ハムスター」、7「チンパンジー」、8「ライオン」、9「キリン」、10「インコ」

お題《だい》 ペット

お題《だい》の持《も》つ「情報《じょうほう》」をせまくしてみると、ジェスチャーできる動物《どうぶつ》の範囲《はんい》も少《すく》なくなることがわかります。

★キミもやってみよう！

お題《だい》 犬種《けんしゅ》

犬《いぬ》にもいろいろな種類《しゅるい》があります。イチキップリンの演《えん》じている犬種《けんしゅ》がなにかわかるかな？「犬《いぬ》」と説明《せつめい》が無《な》いとわからないジェスチャーも多《おお》いのでは？

どんどん難《むずか》しくなるよ！
できるかな？

●こたえ…ペット正解《せいかい》・あ「ハムスター」、い「イヌ」、う「ネコ」、え「インコ」・犬種正解《けんしゅせいかい》：ア「チワワ」、イ「ブルドッグ」、ウ「ダックスフンド」、エ「ドーベルマン」

実践編《じっせんへん》

モノボケ

モノさえあれば誰《だれ》でもすぐにできるのが「モノボケ」

モノの形状《けいじょう》や特性《とくせい》を活《い》かして、ボケてみよう。モノはなにを使《つか》ったってOK《オーケー》。家《いえ》にあるモノ、学校《がっこう》にあるモノで、みんなもやってみよう！ 「大喜利《おおぎり》」と同《おな》じように「モノボケ」にもパターンがあるぞ。「バット」で実例《じつれい》を挙《あ》げて解説《かいせつ》しよう！

お題《だい》 バット

◆何《なに》かに見《み》立《た》てるパターン

「バット」の棒状《ぼうじょう》の形《かたち》を利用《りよう》して、別《べつ》のものに見立《みた》ててボケるパターン。「棒状《ぼうじょう》」の形《かたち》をなにに見《み》立《た》てることができるかな？

リーゼント

ヤンキーお兄《にい》さんの定番《ていばん》ヘアスタイルだね。

海《うみ》を渡《わた》るメジャーリーガー！

バットをオールに見《み》立《た》てたナイスアイデア！

鼻血《はなぢ》ツララ！

すごい鼻血《はなぢ》の飛《と》び出《だ》し感《かん》！

ニキビ

やる時《とき》は赤《あか》いバットを使《つか》おう！

ひとりバット御神輿《おみこし》

1人《ひとり》でも元気《げんき》にかつごう。

チョンマゲ

殿様風《とのさまふう》にかっこつけてやろう。

干《ほ》さないでよー！

服《ふく》にバットを入《い》れた珍《ちん》アイデア！

◆シチュエーションで一言《ひとこと》パターン

バットをバットそのものとして利用《りよう》しながらボケるパターン。基本的《きほんてき》に野球《やきゅう》に関連《かんれん》したボケになります。

顔出《かおだ》しNG《エヌジー》バント

なにか悪《わる》いことした選手《せんしゅ》なのかな?

今日《きょう》食《た》べたのハンバーグだろ

よっぽどにおいがしたのかな?

バットだって友達《ともだち》だよな

マンガの名言《めいげん》「ボールは友《とも》だち」のパロディだ。

場外乱闘《じょうがいらんとう》最強《さいきょう》バッター

目《め》がバッキバキにキマってるぜ!

★キミもやってみよう!

◆動《うご》きをつけるパターン

モノを持《も》ってボケるだけではなく、モノを動《うご》かしたり、自分《じぶん》が動《うご》いたりするボケも考《かんが》えてみよう!

東京《とうきょう》ドームはあっちや!

別《わか》れ道《みち》の棒《ぼう》での道決《みちき》めみたいに、バットを倒《たお》しながら一言《ひとこと》。

顔面《がんめん》ボール!!

普通《ふつう》にバットをかまえてから…顔面《がんめん》をズドーンッ!

さあ、ネタを作《つく》ってみよう！

「まだネタなんて作《つく》れないよ〜」と思《おも》うかもしれないが、本書《ほんしょ》を読《よ》んでくれたキミなら、もうネタを作《つく》ることができるのだ。実践編《じっせんへん》を応用《おうよう》すれば、すでに何本《なんぼん》でもネタをつくる発想法《はっそうほう》が身《み》についているハズだ！

実演例《じつえんれい》を挙《あ》げてみよう。

❶最初《さいしょ》に「実践編大喜利《じっせんへんおおぎり》」の「お題《だい》を考《かんが》えよう」を応用《おうよう》してネタのお題《だい》だしだ。仮《かり》に「こんな転校《てんこう》生《せい》はイヤだ！　どんな転校《てんこう》生《せい》？」というお題《だい》で考《かんが》えてみよう。

❷「転校生《てんこうせい》」の「あるある」をたくさん出《だ》してみる。「転《てん》校《こう》する数日前《すうじつまえ》からウワサが駆《か》け巡《めぐ》る」「挨拶《あいさつ》がガチガチ」「人気《にんき》なのは最初《さいしょ》の数日《すうじつ》だけ」「校歌《こうか》が歌《うた》えない」などできる限《かぎ》り多《おお》く考《かんが》えてみよう。

❸どんな転校生《てんこうせい》がイヤかを大喜利《おおぎり》して考《かんが》えてみよう。「挨拶《あいさつ》がガチガチ」から「挨《あい》拶《さつ》がラップ調《ちょう》でなんか鼻《はな》につく」とか、「校歌《こうか》が歌《うた》え

ない」から「校歌《こうか》が歌《うた》える。しかもオペラ調《ちょう》！」など、「あるある」を応用《おうよう》すれば考《かんが》えられるはず。たくさんのネタを出《だ》してまとめるだけでOK《オーケー》だ。

❹さて、どんな「イヤな転校生《てんこうせい》」ができ上《あ》がったかな？　これを「漫才《まんざい》」にするなら「もしも〜こんな転校生《てんこうせい》が来《き》たら〜」で考《かんが》えればいいし、「コント」にするならその転校生《てんこうせい》を演《えん》じてみればOK《オーケー》。さあ、どんなネタができあがったかな？

　とはいえ、最初《さいしょ》から1人《ひとり》でネタをつくることはとても難《むずか》しい。それならみんなでやってみよう！　友達《ともだち》とグループを組《く》んで「もしも〜」のネタや自分《じぶん》のクラスの「あるある」のネタを出《だ》し合《あ》ってみよう！　みんなとやると「こんなあるあるがあったんだ！」と、考《かんが》えてもみなかったことが見《み》えてくるかもしれない。ある程度《ていど》のネタが集《あつ》まったら、まとめてネタにすれば完成《かんせい》だ。

　それでもネタをつくるのが難《むずか》しいと思《おも》ったら、友達《ともだち》と即《そっ》興《きょう》でネタをやってみるのも一《ひと》つのやり方《かた》だ。[1]「自分《じぶん》たちの名前《なまえ》を書《か》いた紙《かみ》」と[2]「お題《だい》を書《か》いた紙《かみ》」を用意《ようい》します。お題《だい》は「お父《とう》さん」「先生《せんせい》」「遅刻《ちこく》」「宿題《しゅくだい》」「掃《そう》除当番《じとうばん》」など話《はな》しやすいことをチョイス。

　あとは[1]からは紙《かみ》を2枚《まい》引《ひ》いてコンビを組《く》み、[2]から1枚《まい》引《ひ》いたお題《だい》で、漫才《まんざい》ならしゃべってみるだけ。形《かたち》にならなくても全然《ぜんぜん》OK《オーケー》！　お客《きゃく》さんなんかいないから、スベっても問題《もんだい》なし。何度《なんど》かやっていれば、なにかしらコツを掴《つか》むことができるはず。一番大事《いちばんだいじ》なことは実行《じっこう》すること。それが芸人《げいにん》さんへの第一歩《だいいっぽ》だよ！

誰《だれ》かとグループを組《く》んでみよう!!

漫才《まんざい》やコントをやりたいと思《おも》ったら、誰《だれ》かとコンビやトリオなどグループを組《く》むことになります。

グループの関係性《かんけいせい》によって、メリットやデメリットがあります。

同級生《どうきゅうせい》や兄弟《きょうだい》とコンビを組《く》んだ場合《ばあい》は、一緒《いっしょ》にいた時間《じかん》も長《なが》いので共通《きょうつう》の経験《けいけん》も多《おお》く、お互《たが》いの失敗談《しっぱいだん》や秘密《ひみつ》も知《し》っているので、楽《たの》しく関係《かんけい》がつくれるはずです。けれども、自分《じぶん》たちの周《まわ》りばかりに目《め》がいきがちで、自分《じぶん》たちを知《し》らない人《ひと》たちには笑《わら》えない場合《ばあい》があります。

上級生《じょうきゅうせい》や下級生《かきゅうせい》、さらにはお父《とう》さんなど年《とし》の離《はな》れた人《ひと》とグループを組《く》むと、世《せ》代《だい》ギャップでの笑《わら》いをつくることができます。自分《じぶん》が何歳《なんさい》の時《とき》に相手《あいて》は何歳《なんさい》だったか、しっかりコミュニケーションをとることが大事《だいじ》です。しかし、歳《とし》の差《さ》のギャ

囲碁将棋《いごしょうぎ》

高校《こうこう》の同級生《どうきゅうせい》

コンビ名《めい》は高校時代《こうこうじだい》に囲碁将棋部《いごしょうぎぶ》だったから。ともに大学《だいがく》に進学《しんがく》し、卒業後《そつぎょうご》に一緒《いっしょ》にお笑《わら》い養成所《ようせいじょ》に入《はい》る。

オズワルド

養成所《ようせいじょ》で知《し》り合《あ》う

2人《ふたり》とも同級生《どうきゅうせい》とコンビを組《く》んで養成所《ようせいじょ》に入《はい》るが、解散《かいさん》してしまう。その後《ご》、畠中《はたなか》を伊藤《いとう》が誘《さそ》って結成《けっせい》。

ヨネダ2000

養成所《ようせいじょ》で知《し》り合《あ》う

養成所《ようせいじょ》で一度《いちど》コンビを結成《けっせい》。男性《だんせい》を入《い》れてトリオになるものの解散《かいさん》。その後《ご》、2人《ふたり》で再結成《さいけっせい》する。

ダイタク

双子《ふたご》の兄弟《きょうだい》

生《う》まれた時《とき》からずっと一緒《いっしょ》! 高校卒業後《こうこうそつぎょうご》、大《だい》は進学《しんがく》、拓《たく》は就職《しゅうしょく》。大《だい》の大学卒業《だいがくそつぎょう》を待《ま》って、養成所《ようせいじょ》に入《はい》る。

ダンビラムーチョ

大学《だいがく》の同級生《どうきゅうせい》

大学《だいがく》の野球《やきゅう》サークルで知《し》り合《あ》う。大学在学中《だいがくざいがくちゅう》にお笑《わら》い養成所《ようせいじょ》に入《はい》るも、大原《おおはら》は大学《だいがく》を数年《すうねん》も留年《りゅうねん》!

ツプのためにまったく噛《か》み合《あ》わない可能《かのう》性《せい》も否《いな》めません。
自分《じぶん》たちに合《あ》ったおもしろいネタをつくるためには「相方《あいかた》」がどんな人《ひと》かをよく知《し》ることが必要《ひつよう》となります。「相方《あいかた》」になった子《こ》はどんな子《こ》でしょうか？　もしも、運動《うんどう》はできるけれど、国語《こくご》が苦手《にがて》な子《こ》が「ことわざ」の漫才《まんざい》をやっていたらどう思《おも》いますか？　漫才《まんざい》は自分自身《じぶんじしん》が言《い》っていることになります。その子《こ》が知《し》るわけもない「ことわざ」を口《くち》にしていたら「なんか変《へん》だな?」と思《おも》いませんか？　おとなしい子《こ》が元気《げんき》な役《やく》をやっても同《おな》じことになるでしょう。

しかし、コントにすれば「誰《だれ》かを演《えん》じる」ことになります。いつもは元気一杯《げんきいっぱい》で勉強《べんきょう》が苦手《にがて》な子《こ》が、おとなしい優等生《ゆうとうせい》を演《えん》じたら、「こんなに演技《えんぎ》が上手《じょうず》だったの!?」と意外《いがい》な一面《いちめん》を見《み》られるかもしれません。

将来《しょうらい》、芸人《げいにん》さんになったら「相方《あいかた》」とは一生《いっしょう》のつきあいになります。芸人《げいにん》さんは相方《あいかた》とのコミュニケーションをとても大事《だいじ》にしています。

カゲヤマ

中学《ちゅうがく》の同級生《どうきゅうせい》

中学校《ちゅうがっこう》のサッカー部《ぶ》で知《し》り合《あ》う。大学《だいがく》に進学《しんがく》した益田《ますだ》の卒業《そつぎょう》後《ご》、2人《ふたり》でお笑《わら》い養成所《ようせいじょ》に入《はい》った。

素敵《すてき》じゃないか

大学《だいがく》時代《じだい》からの友人《ゆうじん》

大学《だいがく》時代《じだい》、芸人《げいにん》を目指《めざ》していた2人《ふたり》を共通《きょうつう》の友人《ゆうじん》が引《ひ》き合《あ》わせてくれた。大学《だいがく》卒業《そつぎょう》後《ご》、養成所《ようせいじょ》に入《はい》った。

ド　桜《ざくら》

知《し》り合《あ》いの紹介《しょうかい》

お互《たが》い別々《べつべつ》の事務所《じむしょ》だった。同《おな》じ時期《じき》に解散《かいさん》して、知《し》り合《あ》いを通《つう》じ、紹介《しょうかい》されてコンビを結成《けっせい》。

ネルソンズ

幼馴染《おさななじ》み＋養成所《ようせいじょ》で知《し》り合《あ》う

青山《あおやま》と和田《わだ》は幼《おさな》なじみで2人《ふたり》ともアマレスをやっていた。養成所《ようせいじょ》で岸《きし》が加入《かにゅう》してトリオになった。

5GAP《ファイブギャップ》

養成所《ようせいじょ》で知《し》り合《あ》う

同期《どうき》だが、クボケンは高校《こうこう》卒業《そつぎょう》後《ご》、トモは一度《いちど》就職《しゅうしょく》してから養成所《ようせいじょ》に入《はい》ったため、5歳差《さいさ》がある。

「平場《ひらば》」ってなに？

「ハリーポッター」みたいに誰《だれ》が一番《いちばん》飛《と》べるかを競《きそ》ってるぞ。みんなの放課後《ほうかご》と一緒《いっしょ》だ！

ネタをつくるのは難《むずか》しいと思《おも》っている君《きみ》は!?

ネタはセリフや展開《てんかい》が決《き》まっています。しかし、フリートークや企画《きかく》コーナーには段取《だんど》りがありません。状況《じょうきょう》に対応《たいおう》してボケたり、ツッコんだりして、笑《わら》いをとることが必要《ひつよう》になります。

それを「平場《ひらば》」と言《い》います。テレビのバラエティー番組《ばんぐみ》は「平場《ひらば》」の力《ちから》がとても必要《ひつよう》だと言《い》われます。

お笑《わら》いライブでは「大人《おとな》のくせに遊《あそ》んでるだけじゃないの？」というコーナーを見《み》かけます。それは芸人《げいにん》さんたちが平場の鍛《たん》錬《れん》をしているのです。ネタをつくるのが苦手《にがて》なら、まずは「大喜《おおぎ》利《り》」や「モノボケ」などで「お笑《わら》い力《りょく》」を鍛《きた》えましょう！

芸人仲間《げいにんなかま》やお客《きゃく》さんにのせられて服《ふく》を脱《ぬ》いじゃうことも？

ライブのエンディングで全員集合《ぜんいんしゅうごう》。全員《ぜんいん》が集《あつ》まったらボケ合戦《がっせん》のスタートだ！

自分《じぶん》の体験《たいけん》を笑《わら》いに変《か》えよう！

おもしろい体験《たいけん》、失敗談《しっぱいだん》をエピソードトークにしてみよう！

★エピソードトークを持《も》とう！

エピソードトークは聞《き》いている人《ひと》に「聞《き》きたい！」と思《おも》わせることがとても大事《だいじ》です。トークが上手《うま》い芸人《げいにん》さんは自分《じぶん》のパターンを持《も》っています。例《たと》えば「知《し》り合《あ》いに◯◯って言《い》う人《ひと》がいまして～」と、この後《あと》のトークの中《ちゅう》心《しん》となる人《ひと》の短《みじか》いトークでふりをつくり、それを越《こ》えるエピソードが話《はな》されます。

芸人《げいにん》さんのエピソードトークは「目《もく》撃談《げきだん》」や「失敗談《しっぱいだん》」が多《おお》くを占《し》めています。特《とく》に失敗談《しっぱいだん》は笑《わら》いになりやすいのですが、誰《だれ》がどの目線《めせん》でしゃべるかということが大事《だいじ》になってきます。

例《たと》えば、ダイタクには双子《ふたご》ならではのエピソードがたくさんあります。

家族《かぞく》の話《はなし》のほとんどは2人共《ふたりきょう》通《つう》で話《はな》せますが、そうならない場合《ばあい》もあります。その一《ひと》つを弟《おとうと》・拓《たく》のトークで説《せつ》明《めい》してみましょう。

「子《こ》どもの頃《ころ》、家族《かぞく》で遊園地《ゆうえんち》に行《い》ったんですよ。そしたら大《だい》が迷《まい》子《ご》になっちゃって、お母《かあ》さんが大《おお》あわてで、オレを連《つ》れて迷子《まいご》センターに駆け込《こ》んだんです。迷子《まいご》センターの人《ひと》から『どんなお子《こ》さんですか？』と聞《き》かれて、オレを指《ゆび》さして『コレです！』だって」

兄《あに》・大《だい》も同《おな》じ経験《けいけん》をしていても、迷子《まいご》だったのでそ

同《おな》じ話《はなし》でも
話《はな》す人《ひと》によって異《こと》なる
ものになるよ

の場《ば》にはいません。直接母《ちょくせつはは》から「コレです！」と言《い》われた拓《たく》がしゃべった方《ほう》がおもしろいワケです。エピソードトークは、失敗《しっぱい》した張本《ちょうほん》人《にん》がしゃべると「おもしろいでしょ？」というドヤ感《かん》が出《で》てしまって、笑《わら》えなくなる場合《ばあい》が出《で》てきます。なにか事件《じけん》が起《お》きたら、誰《だれ》がどの目線《めせん》で話《はな》すかを考《かんが》えて、エピソードトークにしてみましょう！

★コンプレックスを武器《ぶき》に変《か》えよう！

コンプレックスがある人《ひと》にはおもしろいエピソードトークを持《も》っている人《ひと》がたくさんいます。見《み》た目《め》がコンプレックスな人《ひと》ほど、その人《ひと》しか体験《たいけん》できないエピソードもたくさん生《う》まれます。失敗談《しっぱいだん》は、失敗《しっぱい》した張《ちょう》本人《ほんにん》がしゃべると、ドヤ感《かん》が出《で》て笑《わら》えなくなる場合《ばあい》がありますが、コンプレックスを抱《かか》える人《ひと》はそれにあまり該当《がいとう》しません。誰《だれ》も聞《き》いたことの無《な》いような話《はなし》が多《おお》いからです。ド桜《ざくら》・かつやまの本名《ほんみょう》は杉本《すぎもと》圭《か》津山《つやま》と言《い》います。苗字《みょうじ》が2つ連《つら》なったような名前《なまえ》で10歳上《さいうえ》のお姉《ねえ》さんが名付《なづ》け親《おや》です。同《おな》じような境遇《きょうぐう》の人《ひと》が周《まわ》りにいますか？　名前《なまえ》を聞《き》いただけで、どんな話《はなし》があるか聞《き》きたくなるでしょう？

子供時代《こどもじだい》にはイヤな思《おも》いもたくさんあることでしょう。でも、芸《げい》人《にん》になったら、それが最《さい》大《だい》の武器《ぶき》になる可能性《かのうせい》があるのがコンプレックスです。貴重《きちょう》な体験《たいけん》をしておくのもアリ!?

ネタができたらみんなの前《まえ》で発表《はっぴょう》してみよう！

ネタができたのなら、誰《だれ》かに見《み》てもらわないと意味《いみ》がない！

ネタができたら「お笑《わら》いの会《かい》」をやってみよう！「こどもの日《ひ》」「クリスマス」など特別《とくべつ》なイベントの日《ひ》、新入生《しんにゅうせい》や転校生《てんこうせい》の歓迎会《かんげいかい》、卒業《そつぎょう》してしまう上級生《じょうきゅうせい》や、転任《てんにん》してしまう先生《せんせい》のお別《わか》れ会《かい》でやったら、きっと喜《よろこ》んでもらえるはず。

気《き》の合《あ》う仲間《なかま》ができたならば「お笑《わら》いの会《かい》」を開《ひら》いてみてほしい。毎月《まいつき》の日《にっ》程《てい》を決《き》めて定期的《ていきてき》に行《おこな》うことができれば、ビックリするほどのお笑《わら》い力《りょく》がつくはずだよ。何組《なんくみ》かで「給食《きゅうしょく》」「期《き》末《まつ》テスト」などと1テーマを決《き》めてネタをつくりあって、発表《はっぴょう》してみるのも一《ひと》つのやり方《かた》だ。同《おな》じお題《だい》で考《かんが》えたはずなのに、かなり違《ちが》うネタができるあがるはずだ。ネタにはつくった人《ひと》の個性《こせい》がでる。人《ひと》の笑《わら》いを理解《りかい》することにつながるはずだ。

「発表会《はっぴょうかい》なんて、準備《じゅんび》ができないよ」と大袈裟《おおげさ》に考《かんが》えなくても大丈夫《だいじょうぶ》。漫才《まんざい》はサンパチマイク1本《ぽん》だけで行《おこな》える↖

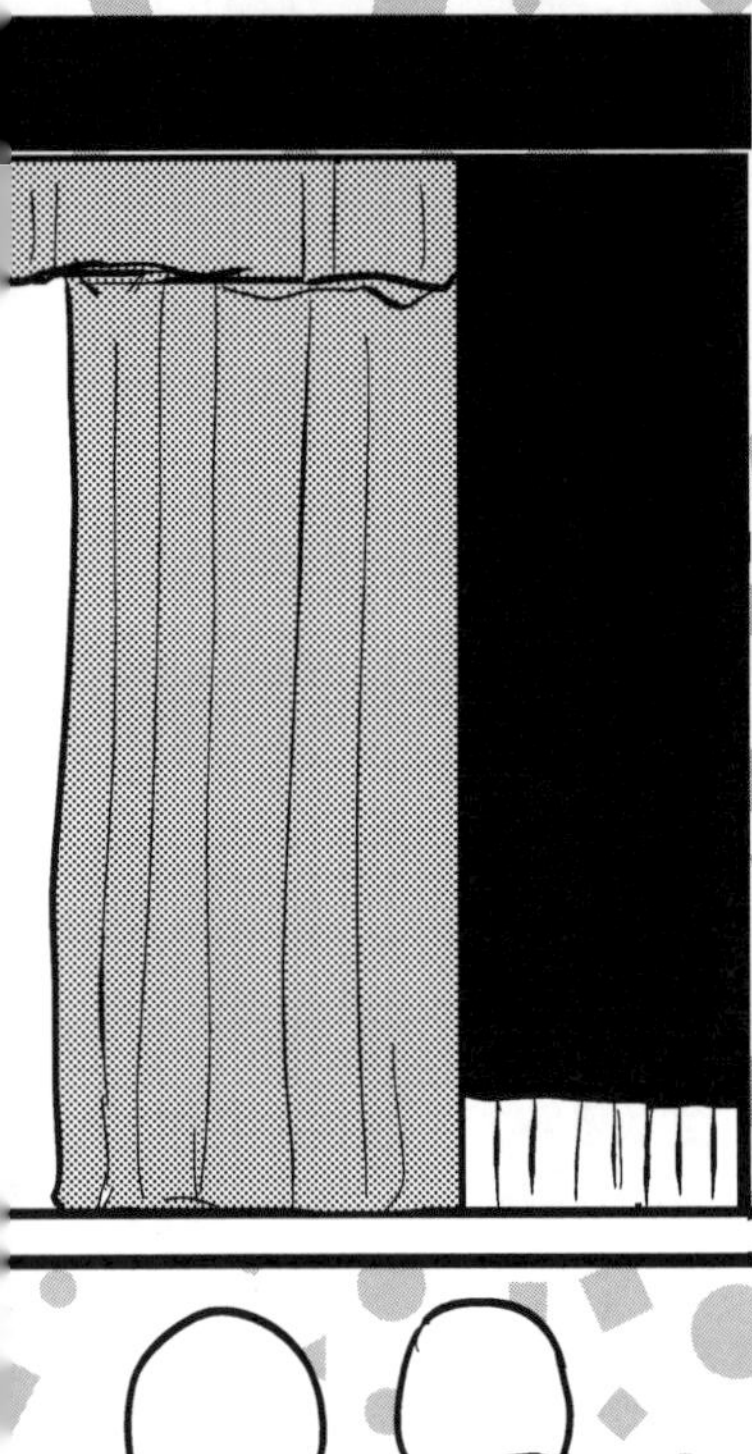

ネタ以外《いがい》にもこんなコーナーで遊《あそ》んで楽《たの》しむのもあり？

数人《すうにん》ずつのグループに分《わ》かれて、いろいろなコーナーで対《たい》決《けつ》してみよう！　1人《ひとり》ジャッジを決《き》めてMC《エムシー》をやってもらうとスムーズに進行《しんこう》するよ！

❶「ジェスチャーコーナー」

基本的《きほんてき》なルールは制限時間《せいげんじかん》を設《もう》けて、何問当《なんもんあ》てられるかで対戦《たいせん》だ。お題《だい》は審判《しんぱん》の人《ひと》につくってもらおう。

「教頭先生《きょうとうせんせい》」「創立記念日《そうりつきねんび》」「百葉《ひゃくよう》

ように、教室《きょうしつ》のちょっとしたスペースさえあれば、お笑《わら》いは簡単《かんたん》にできるはずだ。

ネタの発表会《はっぴょうかい》だけではなく、いろいろとコーナーをやるのもおすすめだ！ 何《なん》チームかに分《わ》かれて対戦《たいせん》すると盛《も》り上《あ》がるよ。

コーナーは「チームプレイ」が基本《きほん》だ。コーナーで心掛《こころが》けることは「みんなで一《ひと》つの笑《わら》い」をつくること。

自分《じぶん》だけが目立《めだ》ったり、仲《なか》のいい仲《なか》間《ま》だけで盛《も》り上《あ》がったりするのは絶対《ぜったい》にダメなこと。

お笑《わら》いはコミュニケーション。自《じ》↘

分《ぶん》のチームの子《こ》はもちろんだけど、対《たい》戦相手《せんあいて》の子《こ》のいいところを引《ひ》き出《だ》してあげることも大切《たいせつ》。コミュニケーションを取《と》るための手段《しゅだん》として、お笑《わら》いほど適《てき》しているものはない！

箱《ばこ》」など難《むずか》しいお題《だい》をつくって、正《せい》解《かい》が出《で》るまでの時間《じかん》が短《みじか》い方《ほう》が勝《か》ち！ というルールもあるよ。難《むずか》しいお題《だい》はジェスチャーを演《えん》じるのも大変《たいへん》だけれど、回答《かいとう》する方《ほう》も大変《たいへん》。珍回答《ちんかいとう》が続出《ぞくしゅつ》しまくるぞ！

❷「モノボケコーナー」

基本的《きほんてき》なルールは、モノボケできそうなアイテムをできる限《かぎ》り集《あつ》めて、制限時間《せいげんじかん》を設《もう》けて、何回《なんかい》おもしろいモノボケができるか対戦《たいせん》だ。モノボケアイテムの数《かず》を2〜3個限定《こげんてい》にして対戦《たいせん》すると、やっているうちにだんだん難《むずか》しくなってくるよ。

それから、1つのアイテムをチーム全員《ぜんいん》でやり終《お》わるまでの時間《じかん》が短《みじか》い方《ほう》が勝《か》ち、というルールもある。コーナーは基本《きほん》ルールを応《おう》用《よう》すれば、いろいろなやり方《かた》ができる。自分《じぶん》たちのルールを考《かんが》えて、たくさんやってみよう！

お笑《わら》い以《い》外《がい》の分《ぶん》野《や》で活《かつ》躍《やく》する芸《げい》人《にん》さん

芸能界《げいのうかい》を見渡《みわた》して、芸人《げいにん》さんたちほど多彩《たさい》な才能《さいのう》の持《も》ち主《ぬし》はいない。その活躍《かつやく》はお笑《わら》いだけにとどまることを知《し》らず、いろいろなジャンルで才能《さいのう》を発揮《はっき》している！

ゲームクリエイター

「R《アール》-1《ワン》」で自作《じさく》のゲームネタを作成《さくせい》してチャンピオンになった野田《のだ》クリスタルは、実際《じっさい》にゲームを作成《さくせい》している。

芥川賞作家《あくたがわしょうさっか》

ピース・又吉直樹《またよしなおき》の小説《しょうせつ》「火花《ひばな》」が第《だい》153回《かい》「芥川賞《あくたがわしょう》」を受賞《じゅしょう》。又吉《またよし》だけではなく、そのほかの文学賞《ぶんがくしょう》を受賞《じゅしょう》した芸人《げいにん》さんも多数《たすう》。

芸術家《げいじゅつか》

キシモトマイは大喜利《おおぎり》コーナーで独特《どくとく》の絵《え》で回答《かいとう》していたところ、多《おお》くの芸人《げいにん》から助言《じょげん》を受《う》けて本格的《ほんかくてき》に絵《え》を描《か》き始《はじ》め、才能《さいのう》が開花《かいか》！ 世界《せかい》を飛《と》び回《まわ》るアーティストに！

漫画《まんが》がミリオンセラー

カラテカ・矢部太郎《やべたろう》のエッセイマンガ「大家《おおや》さんと僕《ぼく》」がミリオンセラーを記録《きろく》。

総合格闘技《そうごうかくとうぎ》チャンピオン

ガリットチュウ・福島善成《ふくしまよしなり》は「総合格闘技《そうごうかくとうぎ》」のアマチュア部門《ぶもん》の世界《せかい》チャンピオンに輝《かがや》いている！

大注目《だいちゅうもく》コンビのルーツを熱筆《ねっぴつ》!!
『エバース』
2023年《ねん》M-1《エムワン》で敗者復活《はいしゃふっかつ》まで残《のこ》り、現在《げんざい》は優勝《ゆうしょう》も囁《ささや》かれる…
今最《いまもっと》も勢《いきお》いのある漫才《まんざい》コンビの1組《ひとくみ》である。
まんが エバース物語《ものがたり》
EVERS STORY
[漫画《まんが》:福地翼《ふくちつばさ》]
Q、エバースのお2人《ふたり》は子供《こども》の頃《ころ》から「お笑《わら》い」を目指《めざ》していたんですか?
オレは小中高大《しょうちゅうこうだい》と野球《やきゅう》やってたんで、やっぱ子供《こども》の頃《ころ》はプロ野球選手《やきゅうせんしゅ》が夢《ゆめ》でしたね。
でもお笑《わら》いはめっちゃ好《す》きでしたよ。

特《とく》に2003年《ねん》のM《エム》ー1《ワン》のビデオは擦《す》り切《き》れるほど観《み》ましたね。
優勝《ゆうしょう》したフットボールアワーさんは勿論《もちろん》、
アンタッチャブルさんや笑《わら》い飯《めし》さんのインパクトがとんでもなかったんですよ。
エバース
佐々木隆史《ささきたかふみ》
Q、町田《まちだ》さんは?
ドキ
あ、
えー…
ぶっちゃけるとお笑《わら》いは…
全然《ぜんぜん》観《み》てませんでした。
ドーーン
というか観《み》れなかったんですよねー。
オレも小《しょう》2から野球《やきゅう》やってたんスけど…
それ以外《いがい》にも水泳《すいえい》、空手《からて》、英会話《えいかいわ》、公文《くもん》…週《しゅう》7で習《なら》い事《ごと》やってたもんで。
うち両親とも教師なんス
エバース
町田和樹《まちだかずき》

小《しょう》6で身長《しんちょう》170あったんですけど…
ドーン
デカイですね。
なんスけど……
でも…プロ野球《やきゅう》は中学《ちゅうがく》で早々《そうそう》に諦《あきら》めました。
まわりの奴《やつ》らがスゴすぎて「あ、これ無理《むり》だわ」って。
170が勿体《もったい》ないですね。
親《おや》とサテイにいた時《とき》も友達《ともだち》に館内放送《かんないほうそう》で…
町田和樹《まちだかずき》くん。2階《かい》迷子《まいご》センターまで…
あいつら!!
めっちゃ恥《は》ずかしいですね。
いじられキャラだったんスよ…
いや、全然嫌《ぜんぜんいや》じゃなかったんスけど。
オレあんま怒《おこ》ったりするタイプじゃなかったんで、それでっスかね。
今《いま》もあんま変《か》わってねーな。
Q、そのお2人《ふたり》がなぜ「お笑《わら》い」を目指《めざ》そうと?
…

中学《ちゅうがく》の時《とき》
野球《やきゅう》の選抜試合《せんばつじあい》で
他校《たこう》の生徒《せいと》と仲良《なかよ》く
なったんスけど…
そいつらがめちゃめちゃ面白《おもしろ》くて。
仲間内《なかまうち》でイジったりちゃかしたりツッコんだり…
オレが好《す》きだったテレビの中《なか》みたいなやりとりしてたのが衝撃的《しょうげきてき》で…
あ、自分《じぶん》らもこういうのやれるんだってそこで思《おも》って。
大学入《だいがくはい》ってからは野球《やきゅう》もあんまりのらなくて…
就職《しゅうしょく》するってなった時《とき》ダメ元《もと》で…
昔《むかし》から大好《だいす》きだったお笑《わら》いを目指《めざ》そうって思《おも》ったんです。

Q、町田《まちだ》さんは?
ドキ
お…オレは…そうスね…
高校《こうこう》の頃《ころ》かな…
オレしょっちゅうデートで失敗《しっぱい》を繰《く》り返《かえ》してたんス。
でもバイト先《さき》の先輩《せんぱい》がその失敗談《しっぱいだん》が好《す》きで…
ギャハー
銅の器
DOUNOUTSUWA
いつの間《ま》にか毎回《まいかい》「面白《おもしろ》デート失敗談《しっぱいだん》」を持《も》ってく決《き》まりになっちゃって…
でもそれで笑《わら》ってくれるのが結構嬉《けっこううれ》しくて…
人笑《ひとわら》かすのが楽《たの》しいって気《き》づいたの。
そ、それからかもしれませんね。
あと高校中退《こうこうちゅうたい》して車《くるま》のディーラーやってた頃《ころ》かな、「いいとも」の最終回《グランドフィナーレ》やってて…
なんか…見入《みい》っちゃったんスよ。

お笑《わら》いの頂上《てっぺん》にいる人達《ひとたち》が揃《そろ》って番組《ばんぐみ》を盛《も》り上《あ》げてて…
なんつーか……
「かっけえかも」って思《おも》ったんスよ。
それでお笑《わら》いを目指《めざ》されたんですね。
Q、ではなぜお2人《ふたり》は吉本《よしもと》(NSC《エヌエスシー》)に?
好《す》きな芸人《げいにん》がみんな吉本《よしもと》だったんで。
ダイアンさんとか千鳥さんとか
あとオレ、高校大学《こうこうだいがく》と…野球《やきゅう》でレギュラーになれるレベルの所選《ところえら》んでたんスけど……
お笑《わら》いでは1番《ばん》目指《めざ》したくて…
1番強《ばんつよ》い所《ところ》を選《えら》びました。

オオー
……
ビクッ
Q、町田《まちだ》さんは？
あ、はい！
ゴニョゴニョ
ちゅ…中学《ちゅうがく》のぉ…
なんて？
……
ちゅ…中学《ちゅうがく》の同級生《どうきゅうせい》が中卒《ちゅうそつ》で吉本《よしもと》入《はい》ってたんで…
お、オレも吉本《よしもと》かなぁって…
あと…
同《おな》い年《どし》が大学卒業《だいがくそつぎょう》のタイミングだったからぁ…
どうせなら同《おな》い年《どし》とコンビ組《く》みたいなぁと…
思《おも》いましてぇ
……
ピョピョ
なるほど。そうだったんですね。
……
？
Q、ではNSC《エヌエスシー》に入《はい》ってすぐエバースを組《く》んだんですか？
いえ、最初《さいしょ》だけ別々《べつべつ》のコンビでした。

で、初《はじ》めての「ネタ見《み》せ」で…
あ！ それ言《い》っちゃう…
ガバッ
佐々木
オレのコンビは結構《けっこう》ウケたんです。
で、町田《まちだ》のコンビの番《ばん》になって…
鬼《おに》のようにスベってました。
シーーーン
町田
1位と最下位くらいの差が出ましたね
しょうがないだろ。
はじめてなんだから
でもそのすぐ後《あと》、オレの相方《あいかた》が「辞《や》める」って言《い》い出《だ》して…
え？ ウケたのに？
お笑《わら》いが合《あ》わないって思《おも》ったのかもしれないっスね。
でもそいつ、一方的《いっぽうてき》に辞《や》めるのが申《もう》し訳《わけ》なかったのか、オレに代《か》わりの相方《あいかた》を紹介《しょうかい》してくれて…
あ、もしかしてそれが…
最下位《さいかい》の町田《まちだ》です。
最下位《さいかい》って言《い》うな！

ファミレスで3人《にん》で会《あ》ったんですけど…
面《めん》と向《む》かってあらためて思《おも》ったんスよね。
あ、ダセーなコイツって。
服とか
失礼《しつれい》なやつだな。
お前《まえ》だって眉毛《まゆげ》細《ほそ》くて茶髪《ちゃぱつ》で色黒《いろぐろ》で……
「野球部《やきゅうぶ》のOB《オービー》」みてーだったじゃねぇか！
その言《い》い方《かた》はやめろ。
はずい
あとさっきからお前《まえ》のエピソードの方《ほう》が微妙《びみょう》にかっこいいのズルくないか。
オレのエピソードがなんかしょぼく聞《き》こえるからやめて！
それはお前《まえ》のエピソード次第《しだい》だろ。

お2人《ふたり》は仲《なか》が良《よ》さそうですね。
仲《なか》良《よ》くはないっス。
でも一緒《いっしょ》に暮《く》らしてると聞《き》きましたが。
まあ確《たし》かに別《べつ》に仲悪《なかわる》くもないっスけどね。
ん――
しいて言《い》えば…
「同級生《どうきゅうせい》」…
みたいな距離感《きょりかん》ですかね。
一緒《いっしょ》に暮《く》らし始《はじ》めたのも流《なが》れっていうか…
「コロナ禍《か》」で仕事《しごと》が無《な》かった頃《ころ》…
しゃぶしゃぶうめー
ぐつぐつぐつ
で、ここでゴリラがー
よくオレの家《いえ》でネタ合《あ》わせや自主《じしゅ》ラジオ録《と》ってたんスよ。

で、町田《まちだ》は実家暮《じっかぐ》らしだったんスけど、しょっちゅうオレんち寝泊《ねと》まりしてるんで…
流石《さすが》にお前《まえ》も家賃払《やちんはら》えよ。
じゃあオレも一緒《いっしょ》に住《す》んでいいか？
ぐつぐつ
ぐつ
仲良《なかい》いじゃないですか。
Q、では今《いま》まで辞《や》めようと思《おも》ったことはありましたか？
それは…めちゃめちゃありました。
3年目位《ねんめくらい》までM−1《エムワン》でもずっと結果出《けっかだ》せてませんでしたし…
でも4年目《ねんめ》…2019年《ねん》のM−1《エムワン》で初《はじ》めて3回戦《かいせん》まで進出《しんしゅつ》したんです。
おお。なぜ急《きゅう》に？
オレら、こちらのY《ワイ》さんによくネタを見《み》てもらってるんですけど…
ども。
作家《さっか》Y《ワイ》

ある日《ひ》Y《ワイ》さんにこんなことを言《い》われたんです。
エバースは“町田《まちだ》”を面白《おもしろ》くするのが1番《ばん》。
だから…
町田《まちだ》を困《こま》らせるネタを作《つく》ったらどうかな？
って。
いやいや、ボクのアドバイスなんて大《たい》したことじゃ…
エバースが努力した結果が出ただけのことで…!!
でも…町田《まちだ》のイジられキャラが活《い》かされてからエバースは強《つよ》くなった気《き》がしますね。
その年《とし》のM《エム》-1《ワン》で3回戦《かいせん》まで行《い》った同期《どうき》は、エバースを含《ふく》め3組《くみ》だけでしたから。

自分《じぶん》たちだけの
〝スタイル〟を見《み》つけたのは
でかかったです。
「これでやっていける」
って確信《かくしん》めいたものを
感《かん》じました。
そのあと一度《いちど》
大阪《おおさか》の作家《さっか》さんに
「佐々木《ささき》がボケてない」
って
注意《ちゅうい》されたことも
あったんですが、
その頃《ころ》にはオレの中《なか》に
「エバースの漫才《まんざい》」が
出来上《できあ》がってたので
悔《くや》しかったです。
オレたちの漫才《まんざい》は
「町田《まちだ》を使《つか》って面白《おもしろ》く
する漫才《まんざい》だ！」って。
オレたちの
やるべきことは
そのスタイルを
磨《みが》いて浸透《しんとう》
させること。
「こっちのが
ウケるから」
「評価《ひょうか》されるから」
とかで
そのスタイルを
曲《ま》げない。

流行《はや》りのお笑《わら》いに流《なが》されない。
お客《きゃく》さんに阿《おもね》らない。
オレたちが信《しん》じるお笑《わら》いを貫《つらぬ》いた上《うえ》で理解《りかい》してもらう。

エバースはその方《ほう》が絶対《ぜったい》面白《おもしろ》いんで。

…以前《いぜん》、
大阪《おおさか》でエバースの単独《たんどく》ライブをやったんですが…
劇場《げきじょう》のスタッフが廊下《ろうか》で「言《い》い争《あらそ》い」をしてるエバースを発見《はっけん》して…
すぐさまマネージャーに連絡《れんらく》したってことがあったんです。
でもそれ、ケンカじゃなくて…
「ネタ合《あ》わせ」だったんですよね。
他人《たにん》がガチゲンカと見間違《みまちが》うくらい…
エバースの漫才《まんざい》は『自然《しぜん》』なんです。

町田《まちだ》は自分《じぶん》が言《い》わなさそうなセリフは一切《いっさい》言《い》わない。
自然体《しぜんたい》の自分《じぶん》が一番面白《いちばんおもしろ》いことを知《し》っているから。
佐々木《ささき》は自分《じぶん》のボケ一辺倒《いっぺんとう》にせずあくまで町田《まちだ》の面白《おもしろ》さを引《ひ》き出す。
それが自分《じぶん》たちのできる自然体《しぜんたい》のお笑《わら》いだと確信《かくしん》しているから。

Q、では最後《さいご》に…
お2人《ふたり》の〝夢《ゆめ》〟をお聞《き》かせください。
勿論《もちろん》まずは〝M《エム》―1《ワン》優勝《ゆうしょう》〟、
そして…
……劇場《げきじょう》でも爆笑《ばくしょう》を取《と》り続《つづ》けられる誰《だれ》もが知《し》る漫才師《まんざいし》になることです。
あ！結局最後《けっきょくさいご》もかっこいい所《ところ》もってかれた。
ズルイ
あははは
ははははは
まんがエバース物語《ものがたり》・完《かん》

より深《ふか》くお笑《わら》いを学《まな》びたいキミは!!

もっとお笑《わら》いを勉強《べんきょう》したい！　将来《しょうらい》はプロの芸人《げいにん》さんになりたい！　と思《おも》ったら、お笑《わら》いの養成所《ようせいじょ》に通《かよ》えば、「笑《わら》い」を基礎《きそ》からみっちり教《おし》えてくれるぞ！

お笑《わら》い養成所《ようせいじょ》に通《かよ》おう！

お笑《わら》い芸人《げいにん》さんが所属《しょぞく》する芸能《げいのう》事務所《じむしょ》には「養成所《ようせいじょ》」があります。本書《ほんしょ》に協力《きょうりょく》してくれた吉本興業《よしもとこうぎょう》さんの「NSC《エヌエスシー》」（吉本総合芸能学院《よしもとそうごうげいのうがくいん》）は有名《ゆうめい》で、1982年設立以来《ねんせつりついらい》、たくさんのお笑《わら》い芸人《げいにん》さんを輩出《はいしゅつ》。活躍《かつやく》している吉本《よしもと》の芸人《げいにん》さんのほとんどがNSC《エヌエスシー》の出身者《しゅっしんしゃ》だ！

NSC《エヌエスシー》は「東京《とうきょう》」「大阪《おおさか》」「札幌《さっぽろ》」「名古屋《なごや》」「広島《ひろしま》」「福岡《ふくおか》」「沖縄《おきなわ》」と全国《ぜんこく》に展開《てんかい》している。お笑《わら》い養成所《ようせいじょ》は「売《う》れっ子芸人《こげいにん》」を目指《めざ》す同《おな》じ志《こころざし》を持《も》った仲間《なかま》が集《あつ》まる場所《ばしょ》。養成所《ようせいじょ》でコンビを結成《けっせい》する芸人《げいにん》さんもたくさんいる。キミの運命《うんめい》の相方《あいかた》が待《ま》っているぞ！

よしもと放課後《ほうかご》クラブ

巻頭《かんとう》カラーページでも紹介《しょうかい》した「よしもと放課後《ほうかご》クラブ」は東京《とうきょう》・大阪《おおさか》・沖縄《おきなわ》の3拠《きょ》点《てん》を中心《ちゅうしん》にして、放課後《ほうかご》にみんなが楽《たの》しめるスペースを提供《ていきょう》してくれている。小中高生《しょうちゅうこうせい》で気軽《きがる》に楽《たの》しくお笑《わら》いを体験《たいけん》したいという人《ひと》にはピッタリだ。体験入学《たいけんにゅうがく》も受《う》け付《つ》けているので、ぜひ行《い》ってみよう！　まずは遊《あそ》び気分《きぶん》でOK《オーケー》なので、プロの芸人《げいにん》さんとふれあってみては？

お笑《わら》いライブを劇場《げきじょう》に観《み》に行《い》こう!!

お笑《わら》いライブの劇場《げきじょう》は毎日《まいにち》爆笑《ばくしょう》で盛《も》り上《あ》がっている。ぜひその目《め》で確認《かくにん》してほしい!

芸人《げいにん》さんのネタを生《なま》で見《み》たければ劇場《げきじょう》に行《い》ってみよう! 今回《こんかい》、本書《ほんしょ》のために、首都圏《しゅとけん》にある吉本興業《よしもとこうぎょう》さんの劇場《げきじょう》が協力《きょうりょく》してくれました。新宿《しんじゅく》の「ルミネtheよしもと」、渋谷《しぶや》の「ヨシモト∞ホール」「ヨシモト∞ドーム」、神保町《じんぼうちょう》の「神保町《じんぼうちょう》よしもと漫才劇場《まんざいげきじょう》」、千葉県《ちばけん》は「よしもと幕張《まくはり》イオンモール劇場《げきじょう》」、埼玉県《さいたまけん》には「大宮《おおみや》ラクーンよしもと劇場《げきじょう》」があります。

吉本興業《よしもとこうぎょう》さんには他《ほか》にもたくさんの劇場《げきじょう》があります。笑《わら》いの本拠地《ほんきょち》・大阪《おおさか》には「笑《わら》いの殿堂《でんどう》」と言《い》われる「なんばグランド花月《かげつ》」があります。「なんばグランド花月《かげつ》」はお笑《わら》い芸人《げいにん》になったら、この劇場《げきじょう》に立《た》つのが一《ひと》つの夢《ゆめ》であり目標《もくひょう》だと言《い》われています。そのほかにも大阪《おおさか》には若手芸人《わかてげいにん》がたくさん出演《しゅつえん》する「よしもと漫才劇場《まんざいげきじょう》」「森《もり》ノ宮《みや》よしもと漫才《まんざい》劇場《げきじょう》」、京都《きょうと》には「よしもと祇園花月《ぎおんかげつ》」があります。

それ以外《いがい》にも静岡県《しずおかけん》には「沼津《ぬまづ》ラクーンよしもと劇場《げきじょう》」、福岡県《ふくおかけん》には「よしもと福岡《ふくおか》 大和証券劇場《だいわしょうけんげきじょう》」があります。

本書《ほんしょ》で登場《とうじょう》してくれた芸人《げいにん》さんをはじめ、たくさんの芸人《げいにん》さんたちが毎日《まいにち》のようにどこかの劇場《げきじょう》に出演《しゅつえん》して、お客《きゃく》さんを大爆笑《だいばくしょう》させています!

もちろん、吉本興業《よしもとこうぎょう》さん以外《いがい》のお笑《わら》い事務所《じむしょ》の芸人《げいにん》さんたちもたくさんのライブを行《おこな》っています。生《なま》でお笑《わら》いの舞台《ぶたい》を見《み》たら、「お笑《わら》い芸人《げいにん》になりたい!」という気持《きも》ちがもっと強《つよ》くなること必至《ひっし》! ぜひ、劇場《げきじょう》に行《い》ってみよう!

裏方《うらかた》になろう!!

人前《ひとまえ》に出《で》るのは恥《は》ずかしい。でも、お笑《わら》いは大好《だいす》き！
そういうキミには芸人《げいにん》さんを影《かげ》から支《ささ》える仕事《しごと》もたくさんあるよ！

舞台監督《ぶたいかんとく》&《アンド》進行《しんこう》

事前《じぜん》にネタや企画《きかく》を確認《かくにん》し、ライブをスムーズに進行《しんこう》してくれる。ネタや企画《きかく》に合《あ》った提案《ていあん》もしてくれるので、芸人《げいにん》さんからの信頼《しんらい》が厚《あつ》い！

大道具《おおどうぐ》・小道具《こどうぐ》

舞台《ぶたい》セットの組《く》み立《た》て、コント設定《せってい》に合《あ》った机《つくえ》やイスなどを準備《じゅんび》してくれる大道具《おおどうぐ》さん。細《こま》かいモノを揃《そろ》えてくれる小道具《こどうぐ》さん。気配《きくば》り上手《じょうず》な人《ひと》たちだ！

構成作家《こうせいさっか》

テレビ番組《ばんぐみ》やライブの企画《きかく》を考《かんが》えたり、台本《だいほん》を書《か》いたりするのが作家《さっか》さん。芸人《げいにん》さんと一緒《いっしょ》にネタを考《かんが》える作家《さっか》さんや、芸人《げいにん》と兼業《けんぎょう》している人《ひと》も多《おお》い。

技術《ぎじゅつ》

「舞台用語辞典《ぶたいようごじてん》」で紹介《しょうかい》した「照明《しょうめい》」や「音響《おんきょう》」を扱《あつか》うのもお笑《わら》いのプロの仕事《しごと》。とくにコントの演出《えんしゅつ》においては、芸人《げいにん》さんが絶対的《ぜったいてき》な信頼《しんらい》を置《お》いている。

お笑《わら》いなぜなにQ《キュー》&《アンド》A《エー》

芸人《げいにん》さんへの疑問《ぎもん》を直接《ちょくせつ》聞《き》いてみたよ!

Q 漫才師《まんざいし》にはどうしてスーツの人《ひと》が多《おお》いの?

A 現在《げんざい》に続《つづ》く「しゃべくり漫才《まんざい》」の祖《そ》と言《い》われているのが昭和《しょうわ》初《しょ》期《き》に活躍《かつやく》した、エンタツ・アチャコの2人《ふたり》です。落語《らくご》が着物《きもの》だったのに対抗《たいこう》して、「しゃべくり漫才《まんざい》」を新《あたら》しいお笑《わら》いとしてアピールするために、当時《とうじ》「モダン」(流行《りゅうこう》)だったスーツを着《き》たのがルーツだと言《い》われています。エンタツ・アチャコが大人気《だいにんき》になり、後追《あとお》いした漫才師《まんざいし》たちがエンタツ・アチャコに倣《なら》ったためと言《い》われています。

Q 漫才《まんざい》をやるにはスーツを着《き》なければいけないの?

A そんなことはありません。Y《ワイ》シャツやアロハシャツが衣装《いしょう》の漫才《まんざい》師《し》さんもいますよ! しかし、漫《まん》才《ざい》をやることがあったら、いつも来《き》ている服《ふく》ではなく、一番《いちばん》お気《き》に入《い》りの服《ふく》やおめかしした服《ふく》を着《き》た方《ほう》が見《み》ばえがするよ。

ぼくはジャケットを着《き》ているけれど、相方《あいかた》・イクトは赤《あか》シャツを着《き》て漫才《まんざい》をしているよ

Q どうやったら芸人《げいにん》になれるの?

A キミが今日《きょう》から「芸人《げいにん》だ!」と名乗《なの》ったらもう芸人《げいにん》だよ。けれども、プロの世界《せかい》はとてもきびしいから、修行《しゅぎょう》が必要《ひつよう》だ。お笑《わら》い芸人《げいにん》さんが所《しょ》属《ぞく》している芸能事務所《げいのうじむしょ》には、お笑《わら》い芸人《げいにん》の養成所《ようせいじょ》がある。いま活躍《かつやく》している芸人《げいにん》さんの多《おお》くはそこの出身者《しゅっしんしゃ》だよ。

ほとんどの芸人《げいにん》さんがどこかの事務所《じむしょ》のお笑《わら》い養成所《ようせいじょ》出身《しゅっしん》だよ!

Q 何歳《なんさい》から芸人《げいにん》になれるの?

A 高校《こうこう》や大学《だいがく》を卒業《そつぎょう》するタイミングで芸人《げいにん》さんを志《こころざ》す人《ひと》が多《おお》いけど、何歳《なんさい》からでも大丈夫《だいじょうぶ》! お笑《わら》いを始《はじ》めた時《とき》からキャリアが始《はじ》まります。だから17歳《さい》でも50歳《さい》でもデビューが同《おな》じなら同期《どうき》になります。先《さき》にお笑《わら》いを始《はじ》めていたら、年下《としした》でも先輩《せんぱい》になるよ。

Q 何歳《なんさい》までやれるのかな？

A　キミがあきらめるまでだ！　普通《ふつう》のお仕事《しごと》には定年退職《ていねんたいしょく》があるけれども、芸人《げいにん》さんは「おもしろい！」と人気者《にんきもの》になれば、死《し》ぬまでやることができるんだ。しかし、芸人《げいにん》として売《う》れずにアルバイトばかりしている「自称《じしょう》芸人《げいにん》」もたくさんいるから要注意《ようちゅうい》。お笑《わら》いが好《す》きだったら、お笑《わら》いの裏方《うらかた》の仕事《しごと》につくこともおすすめだよ！

わたしは
定年退職《ていねんたいしょく》して71歳《さい》になってからNSC《エヌエスシー》に入《はい》りました

Q 好《す》きなことをやって生活《せいかつ》している「芸人《げいにん》さん」と「YouTuber《ユーチューバー》」は、なにがどう違《ちが》うの？

A　どちらも人《ひと》を楽《たの》しませる仕事《しごと》だ。けれどもYouTuber《ユーチューバー》さんは「YouTube《ユーチューブ》」で配信《はいしん》してお金《かね》を稼《かせ》ぐことが目的《もくてき》。しかし、お笑《わら》い芸人《げいにん》さんは「笑《わら》わせること」が目的《もくてき》なんだ。だから「YouTube《ユーチューブ》」などのネット配信《はいしん》はお笑《わら》いを発表《はっぴょう》する「手段《しゅだん》」の一《ひと》つでしかないんだ。他《ほか》にも「テレビ」「ラジオ」なによりも「舞台《ぶたい》」に立《た》って、笑《わら》いをとることが目的《もくてき》なのが、芸人《げいにん》さんなんだよ！

Q 「いじり」と「いじめ」は、どう違《ちが》うの？

A　特定《とくてい》の人《ひと》の見《み》た目《め》の特徴《とくちょう》や苦手《にがて》とする事《こと》をネタにして笑《わら》いをとることが「いじり」です。でも、誰《だれ》もがお笑《わら》いが好《す》きなわけではありません。言《い》われた本人《ほんにん》が嫌《いや》がっていたら「いじめ」になります。「いじめ」は絶対《ぜったい》にやってはいけないことです。どんなに自分《じぶん》や周《まわ》りの人《ひと》が「おもしろい！」と思《おも》ったとしても、言《い》われた本人《ほんにん》が不快《ふかい》に感《かん》じたならそれは「いじめ」になります。自分《じぶん》がいじられて楽《たの》しいと思《おも》うからといって、自分《じぶん》と同《おな》じ特徴《とくちょう》を持《も》つ人《ひと》にもいじられるように勧《すす》めることもダメです。「いじり」を笑《わら》いにするには、いじる側《がわ》といじられる側《がわ》の「信頼関係《しんらいかんけい》」がとても大切《たいせつ》です！　よく話合《はなしあ》ってネタを考《かんが》えましょう。

ボクは
「ハゲ」って言《い》われておいしいと思《おも》ってるから「いじり」になるよ

お笑《わら》い芸《げい》人《にん》になるための心得《こころえ》

お笑《わら》いだけしかやらないのはダメ！

お笑《わら》い芸人《げいにん》は最低限《さいていげん》の勉強《べんきょう》ができなければダメです。たくさんのことを知《し》っているから「あるある」「もしも〜話《ばなし》」などのネタを思《おも》いつき、「大喜利《おおぎり》」でもおもしろい回答《かいとう》が出《だ》せるのです。たくさん勉強《べんきょう》するからこそ、お笑《わら》いの幅《はば》が広《ひろ》がるのです。

あいさつはとても大事《だいじ》だ！

漫才師《まんざいし》は舞台《ぶたい》に登場《とうじょう》すると「宜《よろ》しくお願《ねが》いします」と一礼《いちれい》し、ネタ終《お》

他《ほか》の人《ひと》の笑《わら》いを認《みと》めよう！

「おもしろい」と思《おも》うことは人《ひと》それぞれです。笑《わら》いはその人《ひと》の価値観《かちかん》です。自分《じぶん》がまったくおもしろくないものに「なぜ、その人《ひと》が笑《わら》っているか？」を考《かんが》えましょう。そうすることで、お笑《わら》いへの理解力《りかいりょく》がとても深《ふか》くなるはずです。

わりも「ありがとうございました」と一礼《いちれい》します。芸人《げいにん》さんは「見《み》てくれるお客《きゃく》さんを笑《わら》わせる」のがお仕《し》事《ごと》です。見《み》てくれたお客《きゃく》さんに感謝《かんしゃ》の意《い》を表《ひょう》し、礼《れい》に始《はじ》まり礼《れい》に終《お》わるのです。だから私生活《しせいかつ》でも挨拶《あいさつ》を大《だい》事《じ》にしています。

上下関係《じょうげかんけい》を大事《だいじ》にしよう！

お笑《わら》いの世界《せかい》には元々《もともと》、師弟関係《していかんけい》がありました。師匠《ししょう》から芸《げい》を教《おそ》わり、芸《げい》を磨《みが》いていくものでした。現在《げんざい》でも同様《どうよう》です。先輩《せんぱい》からネタを教《おし》えてもらうことがとても多《おお》いのです。おもしろい先輩《せんぱい》は、おもしろい人《ひと》をよく見《み》てくれます。

誰《だれ》よりも常識《じょうしき》を知《し》り礼儀《れいぎ》を大切《たいせつ》にしよう！

「YouTuber《ユーチューバー》」には「突撃《とつげき》系《けい》」とか「迷惑系《めいわくけい》」と言《い》われるジャンルがあります。しかし、「お笑《わら》い」にはそのようなジャンルはありません。「ボケる」ということは「ふざける」ことです。ふざけすぎると人《ひと》の迷惑《めいわく》になります。そのためには「どこまでならふざけても大丈夫《だいじょうぶ》なのか？」を知《し》っておくことが必要《ひつよう》なのです。だからこそ、お笑《わら》いをやるためには、誰《だれ》よりも「礼儀《れいぎ》」をわきまえて、「常識《じょうしき》」を知《し》っていなければなりません。

ニッポン爆《ばく》笑《しょう》史《し》

現在《げんざい》にいたるまでにどんなお笑《わら》いがあったのか？その歴史《れきし》を見《み》てみよう！

江戸時代《えどじだい》
寄席文化《よせぶんか》が始《はじ》まる

「寄席《よせ》」が始《はじ》まったのが1800年《ねん》代《だい》で「落語《らくご》」が人気《にんき》となりました。「しゃべりの芸《げい》」である落語《らくご》には人情噺《にんじょうばなし》や怪談《かいだん》など「笑《わら》い」ではないお話《はなし》もたくさんありますが、上《かみ》方《がた》落語《らくご》はお笑《わら》いを中心《ちゅうしん》としたものでした。

昭和初期《しょうわしょき》
お笑《わら》い文明開化《ぶんめいかいか》

文明開化《ぶんめいかいか》すると、海外文化《かいがいぶんか》も大《だい》ブームに。アメリカの喜劇王《きげきおう》、チャールズ・チャップリンは日本《にっぽん》でも大人気《だいにんき》になります。日本《にっぽん》でもエノケンこと榎《えの》本健一《もとけんいち》など人気《にんき》コメディアンが誕生《たんじょう》しました。大阪《おおさか》ではエンタツ・アチャコが「近代漫才《きんだいまんざい》」を始《はじ》めます。

1950〜1960年《ねん》
テレビ時代《じだい》の幕開《まくあ》け

1953年《ねん》、日本《にっぽん》でもテレビ放送《ほうそう》が始《はじ》まります。『シャボン玉《だま》ホリデー』などバラエティー番組《ばんぐみ》が始《はじ》まり、お笑《わら》いバンドグループ：クレージーキャッツが大《だい》人気《にんき》となります。

1960～1970年《ねん》

お笑《わら》いがお茶《ちゃ》の間《ま》のスターに！

萩本欽一《はぎもときんいち》&《アンド》坂上二郎《さかがみじろう》のコント55号《ごう》などのコメディアンが子《こ》どもたちから大人気《だいにんき》になります。ザ・ドリフターズの『8時《じ》だョ！　全員集合《ぜんいんしゅうごう》』の視聴率《しちょうりつ》は50%《パーセント》を越《こ》えて「お化《ば》け番組《ばんぐみ》」と言《い》われ、放送《ほうそう》される土曜《どよう》の夜《よる》になると日本全国《にっぽんぜんこく》の少年少女《しょうねんしょうじょ》がテレビの前《まえ》に集合《しゅうごう》しました。

1970～1980年《ねん》

漫才《まんざい》ブーム

「バラエティー番組《ばんぐみ》は家族《かぞく》で見《み》る」という常識《じょうしき》を打《う》ち破《やぶ》り10代《だい》の若者《わかもの》をターゲットにして放送《ほうそう》された『THE《ザ》 MANZAI《マンザイ》』が大人気《だいにんき》に。『オレたちひょうきん族《ぞく》』で人気《にんき》となったビートたけし、明石家《あかしや》さんまと、『笑《わら》っていいとも！』で人気《にんき》となったタモリは「お笑《わら》いBIG3《ビッグスリー》」と言《い》われ、現在《げんざい》も活躍《かつやく》しています！

1980～1990年《ねん》

お笑《わら》い第三世代《だいさんせだい》の台頭《たいとう》

子《こ》どもの頃《ころ》からテレビを見《み》て育《そだ》った世代《せだい》がニューウェーブになります。とんねるず、ダウンタウン、ウッチャンナンチャンは「お笑《わら》い第三世代《だいさんせだい》」と言《い》われ、アイドルを越《こ》える人気者《にんきもの》に！

1990～2000年《ねん》

若手芸人《わかてげいにん》ブーム

「お笑《わら》い第三世代《だいさんせだい》」の活躍《かつやく》によって、お笑《わら》い芸人《げいにん》は若者《わかもの》にとって憧《あこが》れの仕事《しごと》となりました。若手芸人《わかてげいにん》が増《ふ》えたことで『爆笑《ばくしょう》オンエアバトル』などのネタ番組《ばんぐみ》が始《はじ》まり、大人気《だいにんき》になります。さらに2000年代《ねんだい》に入《はい》ると『エンタの神様《かみさま》』『笑《わら》いの金《きん》メダル』『爆笑《ばくしょう》レッドカーペット』という「ショートネタ」番組《ばんぐみ》がブームになります。なぜ「ショートネタ」になったのかというと、携帯電話《けいたいでんわ》が急速《きゅうそく》に普及《ふきゅう》したことが影響《えいきょう》しています。スマホ時代《じだい》の今《いま》では当《あ》たり前《まえ》ですが、2000年代《ねんだい》から携帯電話《けいたいでんわ》でメールや短《みじか》い動画《どうが》を送《おく》れるようになったのです。それに対応《たいおう》するようにネタの時間《じかん》も短《みじか》くなったのです。コミュニケーションの変化《へんか》は、いつの時代《じだい》もお笑《わら》いに影響《えいきょう》しています。

2000年《ねん》～

賞《しょう》レースの時代《じだい》

2001年《ねん》、キャリア10年目以下《ねんめいか》の若手芸人《わかてげいにん》を対象《たいしょう》とした漫才《まんざい》の賞《しょう》レース『M《エム》-1《ワン》グランプリ』が始《はじ》まります。優勝賞金《ゆうしょうしょうきん》1000万円《まんえん》！ 若《わ》手芸人《てげいにん》たちに大《おお》きな夢《ゆめ》と目標《もくひょう》が生《う》まれました。

翌《よく》2002年《ねん》にはピン芸人《げいにん》No.1《ナンバーワン》を決《き》める『R《アール》-1《ワン》グランプリ』が、2008年《ねん》には日本一《にっぽんいち》おもしろいコント師《し》を決《き》める『キングオブコント』が始《はじ》まります。若手芸人《わかてげいにん》を対象《たいしょう》とした賞《しょう》レースが増《ふ》え、定着《ていちゃく》したためにネタが競技化《きょうぎか》し、多《おお》くの芸人《げいにん》が優勝《ゆうしょう》するためのネタを考《かんが》えるようになり、ネタが進化《しんか》していったのです。さらに、これらの賞《しょう》レースを見《み》ていた少年《しょうねん》たちが成《せい》長《ちょう》して「自分《じぶん》もお笑《わら》いのチャンピオンになりたい！」とお笑《わら》いを志《こころざ》す若《わか》手芸人《てげいにん》が一気《いっき》に増《ふ》えました。この傾《けい》向《こう》は年々高《ねんねんたか》まる傾向《けいこう》にあり、お笑《わら》い界《かい》に活気《かっき》を与《あた》えています。

M-1《エムワン》グランプリ

優勝賞金《ゆうしょうしょうきん》1000万円《まんえん》！　エントリー数《すう》は10000組以上《くみいじょう》。
プロ・アマ問《と》わず、子供《こども》でも参加《さんか》できる。お笑《わら》い賞《しょう》レースの最高峰《さいこうほう》！

回数《かいすう》（開催年《かいさいねん》）	ファイナリスト	優《ゆう》　勝《しょう》
第《だい》20回《かい》(2024年《ねん》)		
第《だい》19回《かい》(2023年《ねん》)	ヤーレンズ、さや香《か》、マユリカ、真空《しんくう》ジェシカ、カベポスター、モグライダー、ダンビラムーチョ、シシガシラ、くらげ	令和《れいわ》ロマン
第《だい》18回《かい》(2022年《ねん》)	さや香《か》、ロングコートダディ、男性《だんせい》ブランコ、真空《しんくう》ジェシカ、ヨネダ 2000、オズワルド、カベポスター、キュウ、ダイヤモンド	ウエストランド
第《だい》17回《かい》(2021年《ねん》)	オズワルド、インディアンス、ロングコートダディ、もも、真空《しんくう》ジェシカ、ゆにばーす、モグライダー、ハライチ、ランジャタイ	錦《にしき》　鯉《ごい》
第《だい》16回《かい》(2020年《ねん》)	おいでやすこが、見取《みと》り図《ず》、錦鯉《にしきごい》、ニューヨーク、オズワルド、インディアンス、アキナ、ウエストランド、東京《とうきょう》ホテイソン	マヂカルラブリー
第《だい》15回《かい》(2019年《ねん》)	かまいたち、ぺこぱ、和牛《わぎゅう》、見取《みと》り図《ず》、からし蓮根《れんこん》、オズワルド、すゑひろがりず、インディアンス、ニューヨーク	ミルクボーイ
第《だい》14回《かい》(2018年《ねん》)	和牛《わぎゅう》、ジャルジャル、ミキ、かまいたち、トム・ブラウン、スーパーマラドーナ、ギャロップ、見取《みと》り図《ず》、ゆにばーす	霜降《しもふ》り明星《みょうじょう》
第《だい》13回《かい》(2017年《ねん》)	和牛《わぎゅう》、ミキ、かまいたち、スーパーマラドーナ、ジャルジャル、さや香《か》、ゆにばーす、カミナリ、マヂカルラブリー	とろサーモン
第《だい》12回《かい》(2016年《ねん》)	和牛《わぎゅう》、スーパーマラドーナ、さらば青春《せいしゅん》の光《ひかり》、アキナ、ハライチ、カミナリ、スリムクラブ、相席《あいせき》スタート	銀《ぎん》シャリ
第《だい》11回《かい》(2015年《ねん》)	銀《ぎん》シャリ、ジャルジャル、タイムマシーン３号《ごう》、スーパーマラドーナ、和牛《わぎゅう》、メイプル超合金《ちょうごうきん》、馬鹿《ばか》よ貴方《あなた》は、ハライチ	トレンディエンジェル
第《だい》10回《かい》(2010年《ねん》)	スリムクラブ、パンクブーブー、ピース、銀《ぎん》シャリ、ナイツ、ハライチ、ジャルジャル、カナリア	笑《わら》い飯《めし》
第《だい》9回《かい》(2009年《ねん》)	笑《わら》い飯《めし》、NON STYLE《ノンスタイル》、ナイツ、ハライチ、東京《とうきょう》ダイナマイト、モンスターエンジン、南海《なんかい》キャンディーズ、ハリセンボン	パンクブーブー
第《だい》8回《かい》(2008年《ねん》)	オードリー、ナイツ、笑《わら》い飯《めし》、U字工事《ユーじこうじ》、ダイアン、モンスターエンジン、キングコング、ザ・パンチ	NON STYLE《ノンスタイル》
第《だい》7回《かい》(2007年《ねん》)	トータルテンボス、キングコング、ハリセンボン、笑《わら》い飯《めし》、ザブングル、ダイアン、千鳥《ちどり》、POISON GIRL BAND《ポイズンガールバンド》	サンドウィッチマン
第《だい》6回《かい》(2006年《ねん》)	フットボールアワー、麒麟《きりん》、笑《わら》い飯《めし》、トータルテンボス、ライセンス、ザ・プラン9《ナイン》、変《へん》ホ長調《ちょうちょう》、POISON GIRL BAND《ポイズンガールバンド》	チュートリアル
第《だい》5回《かい》(2005年《ねん》)	笑《わら》い飯《めし》、麒麟《きりん》、品川庄司《しながわしょうじ》、チュートリアル、千鳥《ちどり》、タイムマシーン３号《ごう》、アジアン、南海《なんかい》キャンディーズ	ブラックマヨネーズ
第《だい》4回《かい》(2004年《ねん》)	南海《なんかい》キャンディーズ、麒麟《きりん》、タカアンドトシ、笑《わら》い飯《めし》、POISON《ポイズン》 GIRL BAND《ガールバンド》、トータルテンボス、東京《とうきょう》ダイナマイト、千鳥《ちどり》	アンタッチャブル
第《だい》3回《かい》(2003年《ねん》)	笑《わら》い飯《めし》、アンタッチャブル、2丁拳銃《ちょうけんじゅう》、りあるキッズ、スピードワゴン、アメリカザリガニ、麒麟《きりん》、千鳥《ちどり》	フットボールアワー
第《だい》2回《かい》(2002年《ねん》)	フットボールアワー、笑《わら》い飯《めし》、おぎやはぎ、ハリガネロック、テツ and《アンド》 トモ、スピードワゴン、ダイノジ、アメリカザリガニ	ますだおかだ
第《だい》1回《かい》(2001年《ねん》)	ハリガネロック、アメリカザリガニ、ますだおかだ、麒麟《きりん》、フットボールアワー、キングコング、チュートリアル、DonDokoDon《ドンドコドン》、おぎやはぎ	中川家《なかがわけ》

←今年《ことし》の結果《けっか》を書《か》き込《こ》もう！

※2010年《ねん》に一度終了《いちどしゅうりょう》、2015年《ねん》に復活《ふっかつ》。

キングオブコント

優勝賞金《ゆうしょうしょうきん》1000万円《まんえん》！　日本一《にっぽんいち》のおもしろいコント師《し》を決《き》める賞《しょう》レース。
参加資格《さんかしかく》はプロであること。即席《そくせき》ユニットでもエントリー可能《かのう》!!

回数《かいすう》（開催年《かいさいねん》）	ファイナリスト	優《ゆう》　勝《しょう》
第《だい》17回《かい》(2024年《ねん》)	ロングコートダディ、ファイヤーサンダー、や団《だん》、シティホテル3号室《ごうしつ》、ダンビラムーチョ、ニッポンの社長《しゃちょう》、cacao《カカオ》、コットン、隣人《りんじん》	ラブレターズ
第《だい》16回《かい》(2023年《ねん》)	カゲヤマ、ニッポンの社長《しゃちょう》、ファイヤーサンダー、や団《だん》、ジグザグジギー、ラブレターズ、蛙亭《かえるてい》、隣人《りんじん》、ゼンモンキー	サルゴリラ
第《だい》15回《かい》(2022年《ねん》)	コットン、や団《だん》、ネルソンズ、かが屋《や》、最高《さいこう》の人間《にんげん》、ロングコートダディ、クロコップ、いぬ、ニッポンの社長《しゃちょう》	ビスケットブラザーズ
第《だい》14回《かい》(2021年《ねん》)	ザ・マミィ、男性《だんせい》ブランコ、ニッポンの社長《しゃちょう》、ジェラードン、蛙亭《かえるてい》、うるとらブギーズ、そいつどいつ、マヂカルラブリー、ニューヨーク	空気階段《くうきかいだん》
第《だい》13回《かい》(2020年《ねん》)	ニューヨーク、空気階段《くうきかいだん》、ザ・ギース、ニッポンの社長《しゃちょう》、ジャングルポケット、ロングコートダディ、滝音《たきおん》、GAG《ジーエージー》、うるとらブギーズ	ジャルジャル
第《だい》12回《かい》(2019年《ねん》)	うるとらブギーズ、ジャルジャル、GAG《ジーエージー》、ゾフィー、ネルソンズ、ビスケットブラザーズ、かが屋《や》、空気階段《くうきかいだん》、わらふぢなるお	どぶろっく
第《だい》11回《かい》(2018年《ねん》)	わらふぢなるお、チョコレートプラネット、さらば青春《せいしゅん》の光《ひかり》、ロビンフット、ザ・ギース、マヂカルラブリー、だーりんず、GAG《ジーエージー》、やさしいズ	ハナコ
第《だい》10回《かい》(2017年《ねん》)	にゃんこスター、さらば青春《せいしゅん》の光《ひかり》、ジャングルポケット、アンガールズ、わらふぢなるお、アキナ、ゾフィー、パーパー、GAG《ジーエージー》少年楽団《しょうねんがくだん》	かまいたち
第《だい》9回《かい》(2016年《ねん》)	ジャングルポケット、かまいたち、タイムマシーン3号《ごう》、かもめんたる、しずる、ジグザグジギー、だーりんず、ななまがり、ラブレターズ	ライス
第《だい》8回《かい》(2015年《ねん》)	バンビーノ、ロッチ、ジャングルポケット、藤崎《ふじさき》マーケット、アキナ、巨匠《きょしょう》、ザ・ギース、うしろシティ、さらば青春《せいしゅん》の光《ひかり》	コロコロチキチキペッパーズ
第《だい》7回《かい》(2014年《ねん》)	チョコレートプラネット、ラバーガール、バンビーノ、犬《いぬ》の心《こころ》、巨匠《きょしょう》、リンゴスター、さらば青春《せいしゅん》の光《ひかり》、ラブレターズ、アキナ	シソンヌ
第《だい》6回《かい》(2013年《ねん》)	鬼ヶ島《おにがしま》、天竺鼠《てんじくねずみ》、さらば青春《せいしゅん》の光《ひかり》、TKO《ティーケーオー》、ジグザグジギー、アルコ&《アンド》ピース、うしろシティ	かもめんたる
第《だい》5回《かい》(2012年《ねん》)	さらば青春《せいしゅん》の光《ひかり》、かもめんたる、しずる、うしろシティ、夜《よ》ふかしの会《かい》、銀《ぎん》シャリ、トップリード	バイきんぐ
第《だい》4回《かい》(2011年《ねん》)	2700、モンスターエンジン、インパルス、鬼ヶ島《おにがしま》、TKO《ティーケーオー》、ラブレターズ、トップリード	ロバート
第《だい》3回《かい》(2010年《ねん》)	ピース、TKO《ティーケーオー》、ジャルジャル、ラバーガール、しずる、ロッチ、エレキコミック	キングオブコメディ
第《だい》2回《かい》(2009年《ねん》)	サンドウィッチマン、しずる、インパルス、モンスターエンジン、ロッチ、天竺鼠《てんじくねずみ》、ジャルジャル	東京《とうきょう》03
第《だい》1回《かい》(2008年《ねん》)	バナナマン、ロバート、チョコレートプラネット、ザ・ギース、天竺鼠《てんじくねずみ》、TKO《ティーケーオー》、2700	バッファロー吾郎《ごろう》

R-1《アールワン》グランプリ

優勝賞金《ゆうしょうしょうきん》500万円《まんえん》！　落語《らくご》、漫談《まんだん》、ギャグ、リズムネタなど1人《ひとり》
ネタなら誰《だれ》でも出演《しゅつえん》OK《オーケー》！　なんでもありの熾烈《しれつ》な賞《しょう》レースだ！

回数《かいすう》（開催年《かいさいねん》）	ファイナリスト	優《ゆう》　勝《しょう》
第《だい》22回《かい》(2024年《ねん》)	吉住《よしずみ》、ルシファー吉岡《よしおか》、真輝志《まきし》、どくさいスイッチ企画《きかく》、 サツマカワRPG《アールピージー》、寺田寛明《てらだひろあき》、kento fukaya《ケント フカヤ》、トンツカタン・お抹茶《まっちゃ》	街裏《まちうら》ぴんく
第《だい》21回《かい》(2023年《ねん》)	コットン・きょん、寺田寛明《てらだひろあき》、サツマカワRPG《アールピージー》、こたけ正義感《せいぎかん》、 カベポスター・永見《ながみ》、Yes!《イエス》アキト、ラパルフェ・都留《つる》	田津原理音《たづはらりおん》
第《だい》20回《かい》(2022年《ねん》)	ZAZY《ザズィー》、吉住《よしずみ》、金《きん》の国《くに》・渡部《わたべ》おにぎり、サツマカワRPG《アールピージー》、寺田寛明《てらだひろあき》、 kento fukaya《ケント フカヤ》、Yes!《イエス》アキト	お見送《みおく》り芸人《げいにん》しんいち
第《だい》19回《かい》(2021年《ねん》)	ZAZY《ザズィー》、かが屋《や》・賀屋《かや》、高田《たかだ》ぼる子《こ》、森本《もりもと》サイダー、kento fukaya《ケント フカヤ》、 土屋《つちや》、吉住《よしずみ》、マツモトクラブ、寺田寛明《てらだひろあき》	ゆりやんレトリィバァ
第《だい》18回《かい》(2020年《ねん》)	大谷健太《おおたにけんた》、すゑひろがりず・南條《なんじょう》、SAKURAI《サクライ》、守谷日和《もりやびより》、メルヘン須長《すなが》、パーパー・ ほしのディスコ、ななまがり・森下《もりした》、ルシファー吉岡《よしおか》、ワタリ119、おいでやす小田《おだ》、ヒューマン中村《なかむら》	マヂカルラブリー・野田《のだ》クリスタル
第《だい》17回《かい》(2019年《ねん》)	セルライトスパ・大須賀《おおすか》、だーりんず・松本《まつもと》りんす、こがけん、チョコレートプラネット・松尾《まつお》、クロスバー 直撃《ちょくげき》・前野悠介《まえのゆうすけ》、おいでやす小田《おだ》、マツモトクラブ、ルシファー吉岡《よしおか》、三浦《みうら》マイルド、河邑《かわむら》ミク、岡野陽一《おかのよういち》	霜降《しもふ》り明星《みょうじょう》・粗品《そしな》
第《だい》16回《かい》(2018年《ねん》)	ゆりやんレトリィバァ、おぐ、おいでやす小田《おだ》、カニササレアヤコ、ルシファー吉岡《よしおか》、チョコレート プラネット・長田《おさだ》、霜降《しもふ》り明星《みょうじょう》・せいや、河邑《かわむら》ミク、マツモトクラブ、霜降《しもふ》り明星《みょうじょう》・粗品《そしな》、紺野《こんの》ぶるま	濱田祐太郎《はまだゆうたろう》
第《だい》15回《かい》(2017年《ねん》)	サンシャイン池崎《いけざき》、石出奈々子《いしでななこ》、三浦《みうら》マイルド、横澤夏子《よこざわなつこ》、レイザーラモンRG《アールジー》、ゆりやんレトリィバァ、 ルシファー吉岡《よしおか》、紺野《こんの》ぶるま、おいでやす小田《おだ》、ブルゾンちえみ、マツモトクラブ	アキラ100%《パーセント》
第《だい》14回《かい》(2016年《ねん》)	小島《こじま》よしお、ゆりやんレトリィバァ、エハラマサヒロ、シャンプーハット・こいで、サンシャイン池崎《いけざき》、 横澤夏子《よこざわなつこ》、おいでやす小田《おだ》、ルシファー吉岡《よしおか》、厚《あつ》切りジェイソン、マツモトクラブ、とにかく明《あか》るい安村《やすむら》	ハリウッドザコシショウ
第《だい》13回《かい》(2015年《ねん》)	マツモトクラブ、ゆりやんレトリィバァ、とにかく明《あか》るい安村《やすむら》、COWCOW《カウカウ》善《よ》し、あばれる君《くん》、エハラマサヒロ、 厚《あつ》切りジェイソン、アジアン・馬場園《ばばぞの》、やまもとまさみ、ヒューマン中村《なかむら》、NON STYLE《ノンスタイル》・石田《いしだ》	じゅんいちダビッドソン
第《だい》12回《かい》(2014年《ねん》)	レイザーラモンRG《アールジー》、馬《うま》と魚《さかな》、ヒューマン中村《なかむら》、スギちゃん、TAIGA《タイガ》、中山女子短期大学《なかやまじょしたんきだいがく》、 小森園《こもりぞの》ひろし、ミヤシタガク、バイク川崎《かわさき》バイク、おぐ、じゅんいちダビッドソン	やまもとまさみ
第《だい》11回《かい》(2013年《ねん》)	ヒューマン中村《なかむら》、アンドーひであき、ヤナギブソン、岸学《きしまなぶ》、プラスマイナス・岩橋《いわはし》、 田上《たのうえ》よしえ、桂三度《かつらさんど》、三遊亭《さんゆうてい》こうもり、スギちゃん、キンタロー。、雷《がみなり》ジャクソン・高本《たかもと》	三浦《みうら》マイルド
第《だい》10回《かい》(2012年《ねん》)	スギちゃん、徳井義実《とくいよしみ》、友近《ともちか》、AMEMIYA《アメミヤ》、野生爆弾《やせいばくだん》・川島《かわしま》、サイクロンZ《ゼット》、 いなだなおき、キャプテン渡辺《わたなべ》、ヒューマン中村《なかむら》、千鳥《ちどり》・大悟《たいご》、ヤナギブソン	COWCOW《カウカウ》・多田《ただ》
第《だい》9回《かい》(2011年《ねん》)	AMEMIYA《アメミヤ》、COWCOW《カウカウ》・善《よ》し、スリムクラブ・真栄田《まえだ》、 キャプテン渡辺《わたなべ》、バッファロー吾郎《ごろう》・木村《きむら》、ナオユキ、ヒューマン中村《なかむら》	佐久間一行《さくまかずゆき》
第《だい》8回《かい》(2010年《ねん》)	エハラマサヒロ、なだぎ武《たけし》、川島明《かわしまあきら》、いとうあさこ、G《ジー》たかし、 バカリズム、我人祥太《がじんしょうた》、COWCOW《カウカウ》・善《よ》し	あべこうじ
第《だい》7回《かい》(2009年《ねん》)	エハラマサヒロ、バカリズム、COWCOW《カウカウ》・善《よ》し、あべこうじ、 サイクロンZ《ゼット》、鬼頭真也《きとうしんや》、鳥居《とりい》みゆき、岸学《きしまなぶ》、夙川《しゅくがわ》アトム	中山功太《なかやまこうた》
第《だい》6回《かい》(2008年《ねん》)	芋洗坂係長《いもあらいざかかかりちょう》、世界《せかい》のナベアツ、中山功太《なかやまこうた》、あべこうじ、鳥居《とりい》みゆき、 土肥《どひ》ポン太《た》、COWCOW《カウカウ》・善《よ》し	なだぎ武《たけし》
第《だい》5回《かい》(2007年《ねん》)	徳井義実《とくいよしみ》、バカリズム、土肥《どひ》ポン太《た》、友近《ともちか》、やまもとまさみ、ウメ、大輪教授《おおわきょうじゅ》	なだぎ武《たけし》
第《だい》4回《かい》(2006年《ねん》)	あべこうじ、浅越《あさごえ》ゴエ、バカリズム、岸学《きしまなぶ》、友近《ともちか》、中山功太《なかやまこうた》、 キャプテン☆ボンバー	博多華丸《はかたはなまる》
第《だい》3回《かい》(2005年《ねん》)	井上《いのうえ》マー、あべこうじ、友近《ともちか》、ネゴシックス、ヒロシ、中山功太《なかやまこうた》、長州小力《ちょうしゅうこりき》	ほっしゃん。
第《だい》2回《かい》(2004年《ねん》)	ネゴシックス、友近《ともちか》、ヤナギブソン、陣内智則《じんないとものり》、南野《みなみの》やじ、ヒロシ、あべこうじ	浅越《あさごえ》ゴエ
第《だい》1回《かい》(2002年《ねん》)	中田《なかた》なおき、友近《ともちか》、陣内智則《じんないとものり》、水玉《みずたま》れっぷう隊《たい》・アキ、パペットマペット、 オール阪神《はんしん》、浅越《あさごえ》ゴエ、ケンドーコバヤシ、南野《みなみの》やじ、桂三若《かつらさんじゃく》、笑福亭三喬《しょうふくていさんきょう》	だいたひかる

小学館入門百科シリーズ

お笑い芸人入門百科

2024年12月22日　初版第1刷発行

監修・協力 … 吉本興業株式会社

企画・編集 … 山田ナビスコ、間宮尚彦
カバー・本文デザイン … 伊丹洋一（Design Field RANDY'z）
撮影 … 中村智之
カバーイラスト … 曽山一寿
まんが … 福地翼
本文イラスト … ショウマ

印刷所 … 三晃印刷株式会社　　製本所 … 株式会社 若林製本工場
発行所 … 〒101-8001 東京都千代田区一ツ橋 2-3-1
電話 … 編集 03-3230-5995・販売 03-5281-3555

株式会社　小学館

発行人 … 縄田正樹
編集担当 … 月刊コロコロコミック編集部：安達佑斗

ISBN978-4-09-227427-3